向日葵は永遠に

平和憲法一期生の八十年

野間美喜子

Noma Mikiko

風媒社

著者

はじめに

大切な誰かを亡くした人は、季節が一巡りするまでが一番つらいのだと聞いた。花が咲いても緑が芽吹いても、青い空を見上げても冷たい雨に濡れても、「去年の今頃は……」と思わない日はない。いま一年が過ぎ、母のいない毎日を生きることにようやく少し慣れたような気がする。それでも、ふとした瞬間に風が吹き抜けるような、肌寒く心細い気持ちになる。

この本を編むにあたって、母の残したたくさんの原稿や資料を部屋中に広げ、年代順に並べては整理する日々が続いた。思い切りが良いように見えて、案外捨てられない性格だったのか、黄ばんだ藁半紙にガリ版刷りの司法試験の受験案内（六十年持っていたとは！）や、果ては小学校の成績表までいろいろな古文書が出てくる。古い写真もたくさんあった。セピア色の写真の中の少女は、生真面目な強い瞳でこちらを見返してくる。どんなに大勢で写っていても、自然に視線を吸い寄せるような不思議な力がある。そう感じるのは娘の欲目だろうか。

書類の束を風呂敷に包み、おしゃれなスーツで飛び回る母の襟元には、いつも銀色の向日葵バッジが鈍く光っていた。「襟に穴が開くから困るのよね」と言いつつ、どんな色や形の服も楽しげに着こなした。中でも、真夏の向日葵のような鮮やかな黄色が特別似合った。向日葵は光を集めてにっこり咲く。その大輪のエネルギーに引き寄せられるように、熱く優しいハートを持ったたくさんの方々が母の周りに集まって、気がつくと一面の花畑が広がっている……そんな風景を何度も見たような気がする。

本書のための年表を作りながら、怒涛のように行動し実現してきた物事の数に改めて驚かされた。弁護士としての天性、平和活動家としてのアイディアと実行力、へこたれないパッション、家庭生活も趣味も半端にはしない握力の強さ。我が母ながら天晴れな人だった。

くり返し聞いた口癖のような言葉がある。

「この世で起きたことはこの世で解決するから大丈夫」。

長い運動が時に展望を失いかけても、基本はいつも楽天家だった。

その明るさが運を引き寄せたのか、天から星が降ってきたような加藤たづさんとの出逢いで、願い続けた戦争資料館建設が実現したことは、母の人生の最大の喜びのひとつであったと思う。

子どもの頃に見ていた母は、机に向かってちょっと怖い顔をしていつも何かを書いていた。

私の手元には、ワープロ以前の手書き原稿が数多く遺された。司法修習生時代の法律用語で埋まったノート、若い母親でもあった駆け出し弁護士時代の日記、公害訴訟の見通しの厳しさに呻吟する書きかけの書面など。何度も何度も消した跡、矢印や括弧が交錯する推敲の跡からは、真面目な努力の人でもあった母の姿が偲ばれる。

そんなあれこれを、他ならぬ母その人と語り合えたらどんなに楽しいだろうか。原稿や写真を一緒に選ぶ夢を見て、寂しいけれど少し嬉しいような気持ちで目覚めた朝もあった。本をまとめる作業ひとつひとつが亡き母との幸せな邂逅であり、永訣の寂しさを癒す薬となってくれたように思う。

母を愛してくださった皆様、母と共に歩んでくださった皆様に、この場をお借りして心から感謝申し上げます。本書を通して、野間美喜子が生涯をかけて取り組んできた仕事の数々を振り返り、在りし日の姿を皆様のお心に留めていただけたら、娘としてそれに勝る喜びはありません。

下方映子（野間美喜子　長女）

向日葵は永遠に　平和憲法一期生の八十年

野間美喜子遺稿集

I　人と国家と法律と　17

II　女性として市民として　83

平和憲法と共に生きて

あのとき、憲法は輝いていた

私がはじめて憲法に出会ったのは、小学校一年生のときでした。一九三九（昭和一四）年生まれの私は、東京で戦災を受け、疎開先の三重県亀山で終戦を迎えました。翌年、三重大学の付属小学校に入りました。

憲法が公布された一九四六年の秋頃だったでしょうか。先生が教室で新しい憲法のことを話し、読んでくれました。十分には理解できなかったと思いますが、先生が読んでくれた憲法前文はとても美しい響きで、生まれて初めて出会った最高に美しい言葉のように思われました。先生は、「この憲法さえあれば、日本は、もうあのおそろしい戦争に二度と遭うことはないのだよ」と言われたことを覚えています。先生の感動が伝わったのか、特に第二段の平和主義の宣言のところ、「日本国民は、恒久の平和を念願し、人間相互の関係を支配する崇高な理想を深く自覚するのであって、平和を愛する諸国民の公正と信義に信頼して、われらの安全と生存を保持しようと決意した」という文章は、とても素晴らしいものとして、私の中に残りました。

憲法が公布された日だったと思いますが、お祝いの旗行列をしました。大勢の人が歌を歌いながら町中を歩きました。旗は、日の丸（まさか！）ではなく、粗末な紙に「祝憲法発布」と印刷された小旗でした。国民は、長い戦争が終わって、平和を国是とした新しい憲法ができたことを心から喜び、祝ったのだと思います。

憲法の掲げる平和と自由と民主主義は国民の心の灯《あか》り、希望の象徴になりました。

平和憲法第一期生だった小学生の私たちは、物質的には乏しくても自由と民主主義だけはたっぷりあった、あの戦後の短い一時期の希望にみちた教育を浴びるように受けて育った世代です。教科書はわら半紙を折ったような簡単なものでしたが、午後はほとんど毎日、「自由研究」と称して、野山で好きなことをして過ごしました。子どもたちは、まだその意味を十分理解していなくても、「自由」とか「民主主義」とか、「戦争放棄」などの言葉を事あるごとに、ふんだんに口にしました。

憲法が蹂躙されていく

ところがその後、朝鮮戦争を境にアメリカの占領政策は変わり、軍備を持たない国家である日本に警察予備隊が創設され、保安隊になり、自衛隊になりました。

そして大学三年の時、あの六〇年安保闘争がありました。このように愛する憲法に暗い影がさし始めた時代に、私は青春時代を過ごし、弁護士になりました。弁護士を一生の仕事に選んだのも、やはり憲法の理念に魅せられた子ども時代の感動の延長線上にあったと思います。

国民は憲法を大切にしてきた

その後、憲法は政権政党による執拗で巧妙な改憲攻勢にさらされ続けました。権力とお金を持った人たちが、「悲願」とか言って、明けても暮れても、憲法を変えようと画策するという、他国に例のない異常な歳月が続いてきました。しかし、それでも日本国民は七十年間、憲法改正を許しませんでした。それは、まさに日本国民が、この憲法を心から愛してやまなかったからです。

明治維新以来、十数年ごとに戦争を繰り返してきた日本が、この七十年間、一度も戦争をせず、若者を戦場へ送り出すことがなかったという事実は、大きなことであり、誇らしいことであり、素晴らしいことでした。第二次世界大戦後も地上に戦火が絶えなかった世界情勢を考えると、日本がそのような立ち位置を維持できたのは、ひとえに平和憲法の力であり、それを支えてきた国民の力であったと思います。

憲法の条文を力に、各論の闘いを

昨今、安倍政権は、正面から憲法改正ができない焦りから九六条改正を持ち出して国民に総スカンをくらい、さらに姑息にも閣議決定で憲法解釈を変えようとしています。「二〇一四年七月の閣議決定で憲法の平和主義は骨抜きにされた」という人がいますが、それは違うと思います。政権政党が閣議決定で憲法を変えることはそもそも出来ないことなのです。「閣議決定」は無効で、憲法はもとのまま生きています。

しかし、相手は権力者ですから、今後さまざまな局面で、閣議決定をもとにした法律の改定や実態の変更が出てくるでしょう。その時は、閣議決定にとらわれず、私たちは、必ず憲法の条文に立ち返って、その違憲性を主張し、個別的に各論ごとに、徹底的に闘っていくことが必要だと思います。これから、今までにも増して、多くの厳しい局面が私たちを待っていると思いますが、そのときこそ、これまで培ってきた護憲の力を結集し、個々の闘いを強化していくことが重要です。年末の選挙結果は全体としては苦々しいものでしたが、国民の抵抗の意思も示されたと思います。

結びに

憲法会議が生まれて五十年、その活動を担って、長くて険しい護憲の道を歩まれた方たちに、心からのお礼と敬意を表したいと思います。これからもその活動は終わることはなく、ますます期待されるものになるでしょう。

私は今、名東区にある戦争と平和の資料館「ピースあいち」の館長をしています。先の戦争のことを知る人は少なくなりました。しかし、あの戦争は、多くの犠牲の上に残された二〇世紀の負の遺産であり、戦争の記憶を次世代に伝えることは二〇世紀に生きた人間の責務だと考えています。政権政党が平和憲法を変えることを「悲願」としている日本が、再び戦争をする国にならないためには、あの戦争の記憶は残された最後の歯止めになるのではないかと考えるからです。

共にがんばりたいと思います。

（二〇一五）

I

人と国家と法律と

「私の紙面批評」

権力なき人の声こそ紙面に　「軍拡論」に水かけた世論調査

一九八一年に、朝日新聞『私の紙面批評』欄を担当した時のもの。憲法はもとより、核の問題、子どもの教育など幅広い分野にわたって書かれており、当時の国際情勢や社会の空気が読み取れる。

選抜高校野球の記事が紙面を賑《にぎ》やかに占めるようになると、春を実感するのがいつもの年であるが、今年は泥だらけの球児の姿に、春だけでなく、しみじみと平和の重みが実感される。戦後三十五年の間、いくたびかの改憲の波にさらされながらも、護《まも》り抜かれてきた平和憲法が、昨年の夏以来、またもや憂うべき事態に直面しはじめたからであろうか。若者たちが青春を白球に賭けることの出来る時代が、これからもずっと続くだろうかと、いつになく不安にかられる今年の春なのである。

自衛隊の制服幹部の最高位にある竹田統幕議長が徴兵制を違憲とする政府見解に異論を唱え、専守防衛政策を批判し、防衛費をＧＮＰ比一％以下とすることを批判したという記事が一斉に各紙の紙面に出たのは、二月二日の朝刊であった。朝日夕刊の「竹田統幕議長の発言要旨」によると、竹田統幕議長は、「徴兵制は憲法一三条（基本的人権尊重）と同一八条（奴隷的拘束、意に反する苦役からの自由）に違反する」との昨年八月の政府統一見解に対し、「それならば自衛官は奴隷的服従と苦役をやっているのかということになるわけだ」と言い、「徴兵をやらないというのは政策だと思うからそれはそれでいい、しかし憲法にひっかけて言うことは異論がある」と発言していた。徴兵制を「政策」の問題だとして意図的に憲法のわく外に置こうとするこの発言、しかもそれが自衛隊幹部によってなされたとなれば、これは重大であった。

しかし、この問題に対する政府の対応は考えられないほどふらつきを示し、国民の不信と疑惑を招いた。この一連の動きに関する朝日の報道は、終始ていねいで問題の本質に迫っていた。読者は記事を通して日本の文民統制の脆弱さを目のあたりにし、政府のいう「わが国の自衛隊は、しっかりした文民統制下にあって、かつての軍隊のように独り歩きするおそれは全くない」とする説明は、この経過の中で説得力を失って見えた。

徴兵制違憲の論拠について、ふらふら変わる政府の態度に不信を抱き、これについての明確な答えを求めていた読者に、朝日二月六日の「徴兵制違憲論議に思う、九条が第一の論拠」と題する佐藤功上智大学教授の談話の記事は、説得力あるものであった。徴兵制は憲法が、「軍隊」を認める場合、その結果として国民の義務として生ずるものであること、諸外国の憲法をみても、軍隊の設置と共に兵役制度が定められているのが通常であることを説き、「現行の日本国憲法は第九条で陸海空軍は保持しないとしている。そして国民の義務として、言うまでもなく兵役の義務は定められていない。従って私はこの憲法のもとで徴兵制度が認められないことの理由としては、やはり第一に第九条の存在をあげるべきだろうと思う」と論じてあった。

めまぐるしく動く今日の社会の中にあって、読者がいま何を知りたがっているか、何を納得したがっているかを的確につかみ、それを誌面に載せ、読者がそれをみつける。そのとき、新聞は真に読者のものになり、読者の生活に深く入り込むことが出来るのだろう。

最近では三月二五日に発表された朝日の世論調査の結果とその分析記事がある。昨年の夏以来、改憲と軍備増強を指向する動きばかりが紙面に目立ち暗い気持ちであったが、この世論調査の結果をみて正直言って少しホッとした。権力ある者の動きは、良くても悪くても直ちに記事になる。そして紙面は最大の広告宣伝の場である。ちょっとした「処分」を覚悟すれば、徴兵制違憲に対して異論を宣伝することも容易であった。そこが新聞のおそろしい力であろう。新聞は自らのおそろしい力を自覚しての権力を持たない者の小さな声や動きもたんねんに拾い上げて紙面に入れてほしい。また時には、今回の世論調査のように国民の小さな声を大きく束ねて紙面にあげてほしい。

世論調査の結果は、「徴兵制について」反対七三％、賛成一五％、その他一二％、「憲法九条の改正について」反対六一％、賛成二四％、その他一五％であった。そして「日本が戦後四十年近くも平和だったのはおもにどんな理由によると思いますか」という問いに対し、悲惨な戦争体験と答えた者二七％、平和憲法と答えた者二一％、国民の努力と答えた者二〇％、日米安保条約と答えた者一七％、米ソの力関係と答えた者六％、地理的条件と答えた者二％、その他七％であったという。

世論調査の示すとおり、悲惨な戦争体験と平和憲法と国民の努力によって大きく支えられてきた、この三十五年間の平和はなんと貴重なものであることか。しかし戦争体験者の最後の世代である昭和一〇年代に生まれたわれわれは社会の中堅となり、従ってこれから戦争体験者は次第に減っていく時期にさしかかっている。そうすれば、このあと平和憲法を支え、平和を維持していくよりどころは一体何なのだろうか。それは、まず第一に、戦後三十五年間平和が続いたというそのこと自体であり、平和憲法の三十五年間の実績ではなかろうか。憲法九条がなかったならば、果たして日本は朝鮮戦争やベトナム戦争に兵を送らずにすんだだろうか。三十五年間、国内において武力や武力を背景とした警察力の威嚇を受けることなく、また戦前戦中のような言論人権に対する暗黒の弾圧を受けることなく、国民が市民的自由をほぼ守り得たのは、この憲法があったからではなかったか。また三十五年間、莫大な軍事費を費やしていたならば、今日の国民生活の豊かさや福祉の充実はあっただろうか。

この先、平和憲法を守り、平和を維持していく第一の支えは、軍隊を全面的に放棄した憲法九条という歴史の中の平和の実験が、ともかくも三十五年間成功してきたことに対する正しい評価であろう。新聞は、今こそ平和憲法がこの三十五年間果たしてきた役割を分析し、正しく評価して、しっかりと大きく読者に見せてほしい。それが今求められている最も力強い平和戦略だと思うのである。

（朝日新聞、一九八一・四・九）

「私の紙面批評」

語りかけた宇宙船ドラマ　原電敦賀事故、生の記事なお不足

いつものように何気なく開いた朝日夕刊の一面は、ハッと息をのむ美しさだった。四月一五日、地球へ戻ってきたスペースシャトルコロンビアの青空を背にした白い姿が、一枚のカラー写真になって紙面にあった。「見事な滑空」という簡潔な見出しと、二人の飛行士の笑顔の写

真が添えられて、心にくいまでの紙面構成であった。

「やっと旅立ち」（四月一三日）、「ハラハラ　地球周回中」（同日夕刊）、「ピタリ帰還に成功」（四月一五日）という一連の記事に続いたこの一枚のカラー写真には、軍事利用という影を背負いながらも、人類の宇宙への夢を追って飛び立ち、無事に地球にかえってきたスペースシャトルの成功を素直に喜びたいという気持ちと、この美しい宇宙船を、決して地上の覇権争いの道具にしてはならないという願いがこめられているように思えた。活字で語る以上のものを読者に語りかけた紙面であった。

スペースシャトルの打ち上げについては、各紙とも社説でとり上げていたが、いずれも、人類を豊かに幸せにするはずの科学技術が、いつの間にか人類の脅威になって立ちはだかっているこの現実を、人間の英知はどう乗り越えられるだろうかと問いかけており読者を考えさせた。

科学技術と人間のかかわりというこの大きな問題に追いうちをかけるように、四月一八日夕刊から一斉に原電敦賀の放射能漏れ事故の報道が始まった。この一連の記事について感じたことがいくつかある。

まず記事をよく読んでみても、はっきりしないことが多すぎて、どうにも全体像が把《つか》めないのである。たとえば、一八日夕刊で、福井県が八日にモニタリング調査をしたこと、その結果放射能異常値を検出して一四日原電へ連絡したこと、通産省が一八日未明緊急記者会見をして公表し、係官を現地へ派遣したことを読んだとき、まず一読者である筆者がとっさに思ったのは「なぜこんなにのんびりしているのだろうか、これではまるで火の見やぐらで煙をみつけて何日もたってから消防車が出動するようなものではないか」ということだった。

八日のモニタリングの結果、福井県が放射能異常値を知ったのは何日だったのだろう、一四日に原電に連絡したとあるが、モニタリングの結果が出るのに一週間もかかるのだろうか、県は原電だけに連絡して、通産省や漁協への連絡はしなかったのか、県のモニタリングの結果は、住民に直接公開されていないのだろうか、国は、独自の監視体制を敷いていないのだろうか、原子炉は幸い四月一日から運転を停止していたようだが、発電所内には、ウランの燃料棒や、プルトニウムと死の灰が詰まった使用済み燃料もあるし、ドラム缶に詰められた核廃棄物も何万本と置かれてあるときく。もし、そうしたものから漏れ出しているとすれば、一刻の猶予も許されないではないか。とにかく分からない話であった。しかし八日から一八日までの時間の経過について、紙面はほとんど疑問を抱いていないかのようにみえた。

翌一九日から事故原因が報道され始めた。朝日二〇日の夕刊によると、原電は七日、フィルタースラッジタンクへパイプを洗浄した水を流し込み、「原電の説明によれば」「同原電は閉鎖弁を閉じる操作を行い、弁閉鎖ランプもついた。ところが洗浄水は流れ続け」床にあふれたという。これを読む限り事故原因は機械の故障ということになる。ところが毎日、中日の同じ日の夕刊一面には、「バルブ締め忘れる」という見出しをつけて、事故が人為ミスによるものであると報道していた。一体どちらなのだろうかと思い、記事に手がかりを求めた。

さて、肝心のバルブというのはどこにあるのだろうか、だれがいつ締めることになっていたのだろう。パイプの洗浄は毎日の作業なのか、何カ月に一度かの特別作業なのか、締め忘れたり、機械が作動しない時には自動的に水が止まる仕組みになっていないのだろうか、新幹線にもATCがあるし、ガスストーブでも、ホースが抜ければガスは止まる。おふろの蛇口にさえ、一定量水が入れば自然に止まる器具が付けられる。しかしこの日、記事にはバルブの位置も仕組みも書かれておらず、結局この疑問は解けなかった。

原電が事実の全貌をありのままに公表しないことや、読者が予備知識に乏しいためもあるだろう。しかし、むしろそれ故にこそ、この種の報道は、記事を読む者が当然抱くであろう疑問や不審を意識しながら、きめの細かい記事づくりが要求されるのではなかろうか。少なくとも、ある時点において、分かったことと、まだ分かっていないことを区別し、今後解明されるべき課題を示しつつ、次の記事につなげていく努力が必要であろう。その際、専門の学者の力も十分借りて記事をつくってほしい。新聞が単にそのときどきに知り得たことを順次羅列するだけに終わってしまうならば、読者もまた脈絡なく受け取った情報をつなぎ合わせることが出来ないまま、原発問題全体における今回の事故の位置づけも、本質的な問題の所在もつかみ切れないで終わってしまう。

それに今回の朝日の事故報道には、現場の記者の目がじかに捉えた生の記事がほとんどなくて残念であった。毎日は二〇日「死の灰の恐怖実感」、中日は二二日「不気味無数のパイプ」という見出しで、現場記者の廃棄物処理施設のルポを載せた。また二三日の毎日には、「除染作業とは知らんかった」という原電敦賀作業員の証言が載った。いずれも記者会見という公式発表を活字にしたものでは伝えられないものを読者に伝えていた。

事故報道の最中、高知・窪川町で、リコールされた町長が再選され（四月二〇日）、アセス法案の発電所除外が政府で決まり（四月二二日）、大飯原発の漏水事故も明るみに出た（四月二三日夕刊）。放射性廃棄物の太平洋投棄も問題になっている。日本全体が原発問題で揺れ動いているようだ。この時期、新聞が、事故の官製発表を伝えるだけですませてよいとは決して思えない。原発が現在抱えているさまざまな問題を、それに関する正確な事実と共に読者に示してほしい。国のレベルでは、選択が終わっているのかも知れないが、国民には「原発」をしかと選択した覚えがないという気持ちがある。放射能が空間と時間を超えるものである以上、原発問題は、今後も広く、そして何度でも問い直される必要があろう。そして日々の生活に追われる多くの者にとって最も身近な手がかりは新聞なのである。

注文ばかりが多くなってしまったが、読みごたえのある記事も多かった。二一日、二二日と続いた消費者センター担当者座談会、「日昇丸事件のなぞ　乗組員十三人の証言」（二三日夕刊）は興味深く読んだ。また「新人国記」が始まって夕刊に楽しみが増えたし、「開かれた政府を」も第四部が始まり期待される。

（朝日新聞、一九八一）

「私の紙面批評」
核心ついた「教科書」緊急報告

児童は「人として尊ばれる」「社会の一員として重んぜられる」「よい環境の中で育てられる」という児童憲章の前文が、憲法記念日の五月三日、本紙の家庭欄にあった。「児童憲章三〇周年」という見出しのこの記事は、「自殺、非行、暴力など、今日の子どもたちの置かれている環境を見るとき、そのすばらしい理念は何一つ現実化されていないのではないか」という問題提起をし、この現実の中で、いま児童憲章をどういうものとして受け止めるべきかを四人の識者に語らせていた。

この記事は、社会が忘れかけた原点へ、問題を引き戻そうとする正しい視点に立つものであったが、四人の短すぎるコメントの中には、私の求める答えはなく、五月一一日の中日評論の「大人が原則破っている、児童への約束」という山田正敏愛知県立大学教授の一文がそれに答えてくれていた。その中で山田教授は「今日ほど、児童が人として尊ばれ、社会の一員として重んぜられ、よい環境のなかで育てられる—とはどういうことなのかを問いかけ、問いかけ明らかにし、国民の共通理解にまで広げる不断の努力が要請されている時はないであろう」と述べ、いま「児童は点数として尊ばれる。児童は学歴社会の一員として重んぜられる。児童はよい受験環境のなかで育てられる」となり変わっており、「この表現がパロディーでないところに、子育ての児童憲章規定からの明白な逸脱があるのであり、その危機の淵源《えんげん》もあるように思う」と書かれていた。

新聞を開いて、毎日のように紙面を大きく占めている子どもの不幸な記事を見るたびに、そしてそれをめぐってなされるさまざまな反省や議論を読むたびに、子どもの置かれている状況の深刻さと、社会全体の陥っている混迷の深さに、戦後教育を受けて親になった者の一人として心を痛め続け、責任を感じ続けてきた筆者が、社会全体が混迷している原因と社会全体が欠落してきたものについて、右の二つの記事から得た示唆は大きかった。

大人たちは憲法をつくり、すばらしい児童憲章を制定しながら、児童が「人として尊ばれる」ということはどういうことであり、「社会の一員として重んぜられる」ということは、大人が子どもをどう扱うことなのか、「よい環境で育てられる」とは、子どもが生まれてから成人に達するまでの間、どういう自然環境、地域社会、家庭環境、教育制度が保障されることなのかを真剣に考え、社会のコンセンサスとしての答えを持ち、それに添った信念ある子育てをしてこなかったのだと思った。

そこまで思い至ったとき、一つのすばらしい報告記事をみつけた。「デンマークで見た子ども、小さな大人たち」（五月四日、五日）という記事であった。この記事が、こどもの日に掲載されたことに、私は朝日の視点の的確さと、その心を感じた。そこには、日本の児童憲章そのままに、「人として尊ばれ」「社会の一員として重んぜられ」「よい環境の中で育てられ」ているデンマークの幸せな子どもたちの姿が生き生きと描かれていた。

一〇歳前後の少女たちが、夕方は親と話がしたいからニュースの時間を子どもが寝てからにしてほしいと放送局に手紙を書き、放送局は、真剣に検討した結果、その提案を受け入れる方針にしたこと、子どもたちのキャンプスクールの予算が国家予算の中で削られたとき、それに反対して、全国二十一都市で五〜七万人の子どもたちが街頭デモをしたこと、遊び場を壊そうとした大人たちに対し、子どもたちが集団でこれを守り抜いたこと、共稼ぎが当たり前のこの国では、放課後の遊び場にプレイリーダーという遊び相手の青年が配属されていること等々、日本では信じられないような社会と子どもの関係がそこにあった。

ああ、こういうことなのだ。そして今、紙面にほしいのは、こういう記事なのだ。世界のどこかの国で、子どもたちはこういう育てられ方をしているという実例、たとえば、授業時間や授業の仕方、教科書の内容や種類、その選定の方法、教師の養成や人事のしくみ、教師以外のリーダーのこと、遊び場や遊びの方法、放課後の過ごし方、子どもに接する大人の態度、子どもの意見を社会に取り入れる方法など。私たちは、もっともっと諸外国の様子を知りたい。諸外国の例だけでなく、わが国の歴史の中からも、新聞は読者に子育てや教育の在り方を考えさせる材料をたくさん提供してほしい。

そうした多くの事実を、多くの人が知ることによって、それを一つの手がかりとして子どもはどう育てるべきか、どう育てることが可能なのかについて、社会はコンセンサスをつくり上げなければならない。そしてそのコンセンサスを社会が持ち得たとき、在るべき子どもの自然環境、社会環境、人間関係のどこがどう壊されているかという現在の荒廃の質と量を正しく把握することが出来、それを壊しているものの正体を知ることが出来るであろう。そして、そのとき、現在の泥沼から子どもを救い出す正しい方向も見えてくるのではないかと思う。

四月二五日から始まった教科書改訂問題と教科書法に関する記事、とりわけ「いま学校で」の緊急報告は、問題の本質に迫り、不気味な迫力があった。国家が教育の内容に立ち入ることを禁止した教育基本法がありながら、いつからか国家が教育の内容を管理し、教育委員の任命制に始まって、勤評、主任制などで教師を管理し、生徒の方を向いて授業の出来ない教師たちをつくり出し、内申書重視の大学区制で生徒をがんじがらめにし、教育内容ばかりを高度化して落ちこぼれをつくり出してきた、戦後ある時期からの教育行政にとって、今回の教科書問題はいわば総仕上げであることを、これらの記事は強く感じさせた。

しかし、いまなお国民の多くはこの問題のもつ本質的危険性に十分気づいているとは思えない。そこで、さらに新聞に求められることは、児童憲章に問題の出発点を置いたように、同じ問題を教育基本法に戻し、なぜ戦後教育基本法が定められ教育は不当な支配に屈してはいけないとされたのか、国家が教育内容に立ち入ることは、どういう危険があるのか、戦前、戦中の教育行政とその行きついた先をもう一度わかりやすく記事にして、読者に歴史を振りかえらせる手がかりを与えてほしい。

文部省は五月二二日教育白書を発表した（二二日夕刊）が、そこには教育の現状に対する反省も対策もなく、各紙とも、それを正しく批判した（朝日二三日社説など）。文部省に何も期待出来ないとすれば、社会全体が力を合わせて問題に取り組む以外に道はない。新聞に期待されるところは大きいのである。朝日の「いま学校で」が教育の荒廃の告発として果たした役割は大きい。さらに一歩進んで、傷んでいる現代の子どもたちに、「これからの学校」を探してやってほしいと思う。

（朝日新聞、一九八一・五・二八）

「私の紙面批評」

核廃絶へ世論導く責任

非核三原則について、激しい議論が続いているさなか、胸をつかれる小さな記事があった。「沖縄の原爆被爆者、二重の戦禍に泣いた三六年」（六月九日）という記事であった。この記事によると、沖縄には、疎開や召集、軍需工場への徴用などで本土に渡り、被爆した人が六〇〇人近くおり、終戦後も、原爆被害がタブーであった米施政権下にあって、検診や治療もまともに受けられず、次々に出る死者や特異な病状に苦しみながら、身を隠すように暮らしてきたのだという。「沖縄戦と原爆という、さきの戦争でもっとも悲惨な運命にひきずりこまれ、その上生き永らえても、新たな米軍基地の核の恐怖に直面している沖縄の被爆者たち」の姿であった。

私たちは、一切の戦争と軍備を否定する憲法をもちながら、そしていまだに癒えることのない戦争の傷あとをひきずりながら、なぜ今さら、非核三原則を厳守すべきかどうかなどという議論をしなければならないのか、この一カ月間、新聞を読みながら抱きつづけた疑問であった。いうまでもなく、戦争放棄と非武装の宣言である憲法九条は、二つの意味を担って生まれたものであった。

一つは政府の行為によって侵略戦争をしかけ、全世界に三〇〇〇万人という戦死者をつくり出した、あの戦争に対する反省と贖罪《しょくざい》であり、もう一つは、国土全土を焦土にし、非戦闘員である広範な国民までも巻き込んだ戦争のおそろしさ、とくに広島、長崎の体験から、核兵器による戦争は、もはや勝敗のさだかならぬ地球的な惨禍《さんか》、人類の滅亡をもたらすものであることを国民が身をもって知り、日本がその歯止めになろうとした決意の表明であった。そしてこの憲法九条は、当時の日本国民に圧倒的に支持されたのであった（昭和二一年五月二七日、毎日新聞世論調査）。あのとき選択したこの憲法九条の原点を思い起こせば、非核三原則の厳守などということは、あまりにもあたりまえのことなのである。

ところが、六月一四日に発表された本紙世論調査では、三三％の人が「非核三原則は守るが、核兵器を積んだ軍艦や飛行機の寄港、通過程度は認める」と答えたという。筆者はこの数字にいささかショックを受け、なぜこういう結果が出たのかと考えた。そしてその原因の一つに、今回の核の問題について新聞が読者に与えてきた情報の内容と、その提供の仕方の不十分さがあるのではないかと思った。以下それを検証したいと思う。

確かに核の疑惑をあばいた今回の報道は、それが、例によって外からの情報であって、国内の記者の目によって追及されたものでないという残念さはあるにしても、報道自体は充実したものであった。それらの情報を通して国民は、単なる疑惑をこえて真相を見たと思う。しかしそのあと紙面は一足とびに意見と主張になった。紙上でみたこれらの意見や主張、たとえば「核廃絶の先頭に」（五月三一日座標）、「反軍拡の輪を内外に」（六月三日論壇）や六月八日発表された科学者京都会議の声明文などは、いずれも説得力のあるすばらしいものであったと思う。

だがしかし、日常生活に追われる多くの国民は、隠された事実を知り、だまされていたことを悟っても、直ちに学者や、新聞をつくる側の思考の高さに到達することは出来ない。核の問題は日常生活から距離感があるものだけに、意識して問題を茶の間にひきずり下ろしてわかり切ったような話から、ことを始めてもらわねばならないのだ。

たとえば、「寄港」というのはどういうことで、「通過」とはどういうことなのか、現実にミッドウェーなどの空母は、年間どのくらいの期間、日本の港に停泊しているのか、かりに空母ミッドウェーが核を積んで一年の半分近くも、母港化した横須賀港にいるとすれば、陸に核があるのと、陸に接岸して港にあるのと、その危険性や、存在の意味にどういう差があるのか。空母ミッドウェーはまさに動く核基地であり、その寄港は、日本に核基地を置くのと同じことではないか。また核を積載出来る飛行機は、どのくらいの頻度でわれわれの頭上を飛びかっているのか、事故の可能性はないのか、事故が起きれば、その下にいるわれわれはどうなるのか。こうした基礎的な事柄を読者に教える記事は、本紙「非核を守る道」が数少ないものの一つであり、紙面にもっとたくさん必要であった。そうでないと、「寄港」ということが、まるで車がガソリンスタンドにでも寄るような気軽さで考えられてしまう危険がある。

現状を追認して、核の寄港や通過を認める考え方は、もはや実質的には非核二原則と同じであって、非核三原則でも、二・五原則でもないことを国民は知るべきであり、新聞はそれを読者にはっきり示す責任がある。その意味で今回の本紙世論調査の回答の選択肢に「非核三原則は守るが」という前置きを付したことや、「寄港通過程度は」などとおかしな記載をしたことは、問題を曖昧にするばかりで不適切であったと思う。

さらにもう一つ、今どうしても紙面に必要とされる記事は、「核のカサ」について、わかりやすく、日常的な言葉で語られる記事である。核のカサとは一体何か、どういう実体をもっているのか。核のカサに入っていると日本は本当に安全なのか。この核の抑止力といわれるものについて国民は、はっきりと真実を知らなければならない。これを正しく認識しない限り、「日本が米国の核のカサに依存している以上、寄港、通過は認めざるを得ない」とする考え方に押し流される危険がある。

この間、核の抑止力について真剣に問題提起をしたのは科学者京都会議であり、紙面ではその関連記事であった。「非核の思想、崩れ去った抑止力論」（六月八日朝日夕刊）、「核のカサは幻想」（六月六日毎日）という二つの記事には、アメリカとソ連が、互いの本土を聖域として認め合い、核攻撃を行わない約束をし、そのかわり、欧州と日本に短距離用の核兵器を配備して、そこを戦場にして限定的な核戦争を行う戦略に変わってきており、核のカサは幻想であると書かれてあった。しかしそれらの記事はやや難解で、昼間、母親がそれを読み、夕食の話題にするというわけにはいかないのが残念であった。その意味で「アースのない避雷針」（六月六日毎日）などは、食卓の話題になる記事であったと思う。

非核三原則の一角がいまや切り崩されようとしているとき、新聞は、国民がこの問題を考えるために、必ず知らなければならない基礎的な事実と基礎的な知識を、繰りかえし、繰りかえし、しかも分かりやすく読者に提供してほしい。そして非核三原則がよって立つ憲法上の根拠と、わが国が、今なお背負っている歴史の傷あとを見据えて、新聞は自信をもって、核廃絶への世論をつくり上げてほしいと願い、私の紙面批評を終えたいと思う。

（朝日新聞、一九八一・六・二五）

知る権利と新聞の役割

報道の自由の保障は不可欠

「新聞の自由が守る知る権利」という標語が新聞週間に採用されたのは、一九五〇年代のことであったと思うが、国際的な非難を浴びるような教科書検定が行われ、刑法改正、スパイ防止法の制定、憲法改正などの作業が着々と進められつつある昨今、この標語の持つ意味の重さが、改めて強く感じられる。

国家の主権者である国民が国政に参加するとき、例えば選挙権を行使したり、言論その他の表現手段で政治を批判したり、意見を反映させようとするとき、国民自身が正しい判断を形成するためには、正確な情報が豊富に与えられていることが必要である。

従って国民の知る権利とそれに奉仕する報道の自由は、憲法の基本理念である民主主義、国民主権を真に機能させるために不可欠のものといってよい。

戦争への反省と教訓から

こうした理由から、現行憲法下の法体系は、国民の知る権利と報道の自由を最大限に保障し、戦前、それらを制約していた法令や規定を戦後直ちに全面的に改廃した。

すなわち「出版法」「新聞紙法」は廃止され、刑法の名誉毀損《きそん》罪も、公益目的の行為であって「適示された事実が真実である限り」犯罪は成立しないものとされた（現行刑法第二三〇条の二）。

また憲法九条下の日本において「国防機密は存在しない」との理由から「軍機保護法」「国防保安法」「軍用資源秘密保護法」など、軍事上、国防上の秘密を保護する特別法はすべて廃止され、刑法の通謀利敵罪（スパイ罪）もなくなった。

このように徹底した情報の自由化は、いうまでもなく戦前、戦中における情報の制約、情報の国家管理のもとで、国民が誤った戦争政策へ協力させられていったことへの反省と教訓に基づくものであった。そして戦後、この法体系のもとで、わが国の言論の自由、とくに新聞その他の出版物における報道の自由は大きく成長してきたのである。

ところが昨今再びこの国民の知る権利と報道の自由を、国家の刑罰権をもって制約しようとする各種の法案が準備され始めている。国会への上程も間近いとされている刑法改正草案では

「公務員機密漏示罪」「企業秘密漏示罪」が新設され、名誉毀損罪における「事実の証明」による免責の範囲もせばめられようとしている。

草案における「公務員機密漏示罪」は「公務員又は公務員であった者が正当な理由がないのに、職務上知ることができた機密を他人に漏らしたときは、三年以下の懲役又は禁錮に処する」とされているが、第一に「機密」の概念が不明確である。

機密の内容を明確に、しかも具体的に定義づけることは、その性質上おそらく不可能であり、そうだとするとこの規定の「機密」の内容は、その時々の政治情勢によって、また法を運用する者の裁量によって、いかようにも拡大される危険がある。

第二に刑法犯となれば、当然に共犯規定が適用され、機密を漏らした公務員だけでなく、それを取材した新聞記者や一般国民にまで処罰が拡大される。取材の自由は脅かされ、国民の知る権利は侵害される。

これらの危険性はスパイ防止法において、なお一層顕著である。問題は規定の危険性だけでなく、民主主義の根幹にかかわる。そもそも民主主義国家において、主権者である国民に知られてならない秘密があるのだろうかという問題である。沖縄返還交渉にまつわる外電漏えい事件の一審判決では、民主主義国家では、国政上の問題について国民から隠すべきものはないはずだとの考えが示された。

しかし「防衛上の秘密が外部にもれたら国益、ひいては国民の安全が脅威にさらされるではないか」という俗耳に入りやすい見解がこの「機密漏示罪」やスパイ防止法制定の動きの中で喧伝《けんでん》されている。

この見解に対しては、紙数の関係で十分述べられないが、一九七一年六月、ニューヨーク・タイムズ紙が、国防総省のベトナム秘密報告書を掲載した事件について、ニューヨーク地裁の判決が「最も重要なことは、情報が自由に流れ、大衆がこれを知ることである。たとえ機密に触れた文書を公開することによって政府が困惑するようなことがあっても、新聞がこれを公開する権利は認められなければならない。米国の安全は、米国の自由な機構の中にもあるのだ」と述べ、連邦最高裁判所が「軍事機密、外交秘密を保持することによって、情報に基礎をおく代議政治を犠牲にするなら、それはわが国の真の安全にはならない」と判示していることを想起したい。

刑法改正やスパイ防止法制定の動きが強まっている今日、憲法の保障した報道の自由、知る権利は、それを守るための最大の努力を、報道関係者と読者である国民に求めているように思う。

（中日新聞、一九八二・一〇・一三）

憲法記念日

五月三日、元首相岸信介の主宰する自主憲法制定国民大会が、市民ホールで開催された。どういう都合か、数日前、「奮って本大会にご参加下さいますよう」という桑原幹根元愛知県知事の名前の文書が送られてきたので、出掛けていった。市民ホールの前には「――婦人会」「――遺族会」という貸切バスが何台も到着し、二〇〇〇名ホールは、ほぼ満席だった。かなりご年配の客層であったが、その中で黒い詰襟学生服をきちんと着た坊主頭の学生が、数十人すわっているのが目についた。正面には「憲法を改めて時代を刷新しよう」という字幕が下がり、左には「正しい憲法明るい未来」、右には「急げ改憲、諸悪追放」とあった。国歌斉唱に続いて辻寛一の開会の辞、そのあと岸信介氏と桑原幹根氏が、負けずとも劣らないご老齢にもめげず、明日を担う若者の如く改憲刷新を叫ばれた。話の内容は、なかなか正確に伝え難いので、当日配布された自主憲法制定国民会議推薦書「憲法改正の解説」（木村篤太郎、佐々木盛雄著）から、主要な論点についての記述を引用して報告にかえることにする。以下はすべて右著書の引用文である。

第一章　天皇の地位▼現行の「日本国憲法」を「平和憲法」だとか、「理想憲法」だとか言うのは、事実を曲げた謀略宣伝であって、この憲法は戦争に勝った連合軍が、日本を骨抜きにするための占領政策として日本に押しつけた強制命令なのである。▼天皇の地位は万世一系の皇統に基づく永久不変不動のものであって、「国民の意思によって」天皇の地位が左右されたことは、二千年の日本歴史を通して一度もない。▼第一条にいう「主権の存する国民」というのは、「天皇と国民との対立関係」に発する思想によるものであって、国民が主権者であるとする思想からは、天皇に対する忠誠心や、尊敬の念など生れるわけがない。▼「占領憲法」は一日も速やかに改めて、「象徴」などというわけのわからぬ不明確な用語をやめて、戦前の「大日本帝国憲法」と同じように「天皇は国の元首」であることを明記しておかねばならない。▼われわれ一億国民の生命、財産を戦争の犠牲から救っていただいたのは、天皇の一瞬の御決断であったことを絶対に忘れてはならぬ。すなわち誰れにもできないことを、天皇なるがゆえに決断していただいたのであって、天皇は伝統的にその力と徳を一身にそなえておられるのである。

第二章　国の防衛▼日本は周辺諸国が軍拡に軍拡を重ねている中で、防衛費はたったＧＮＰの %以内の閣議決定をいつまでも後生大事に抱え込んで、それ以上への増額を罪悪視するかの如き態度である。軍備は相対的なものであって、他国が増強すれば、自国もそれに相応して増強しなければ、いざという場合に役に立たぬ。▼核兵器は「造らぬ、持たぬ、持ち込ませぬ」というのが日本の「非核三原則」であるが、世界の国々が次々に核武装をしていく時に日本だけが一切の核兵器を持たないで、どうして核兵器を持った国に対抗することができるだろうか。

第三章　占領民主主義▼国民に自由の権利ばかりを無制限に与えて、国家や社会や家庭における義務を課さなければ、今日のような混乱、無秩序の世相となることは必至である。▼われわれは今日の混乱、無秩序の世相を眺めて日本の将来に想い到る時、今こそ「教育勅語」の復活の急務を痛感せずにはいられないのである。

「万歳三唱」の手前で大会を抜け出し地下鉄に乗った。子どもたちがいる。小学生も中学生も高校生たちも。私はいま見てきた壇上の老人たちを思った。もはや決して戦争に行くはずも、おそれもなくなったあなたたちが、なぜこの子どもたちの未来を声高に決めようと画策するのか！　戦争体験はあなたたちにとって一体何だったのか。憲法記念日の午後、空は雨もようであった。

（「名古屋弁護士会会報」第二四一号、一九八一・四）

家永三郎著『太平洋戦争』と八・一五のつどい

この夏、家永三郎先生の『太平洋戦争』を読んだ。人と人の出会いと同じように人と本の出会いもまた感動的である。この本を読み終えたとき、私はあの戦争に関して、実はほとんど何も正確に知っていなかったと思った。六歳で敗戦を迎えた私にとって、戦争の記憶は断片的で体験とは言えないものであったし、その後学校で習った日本史は、現代史に入りかけたところで、いつも時間切れであった。また好んで読んだ本はといえば、戦争中の宮本百合子と獄中の顕治との往復書簡『十二年の手紙』だったり、『人間の條件《じょうけん》』や『夏の花』であったり、多分に文学的なものが多く、太平洋戦争を史実として客観的に学んだことはなかった。家永先生のこの本は、一九六八年に初版が発行されており、憲法問題研究会の会員に全員配布したところ、何人かの方がすでに持っておられたことなどを知って、わが学びの道の暗さに恥入る思いであった。ともかく私にとって、あの戦争の全体像に、これほど誠実に迫ろうとした本との出会いは初めてであった。

折から八月一五日、憲法問題研究会は「戦争体験を伝える八・一五のつどい」を計画していた。ここ数年前から八月一五日には、戦争体験をもつ先生方が集まられ、若い会員と共に「戦争と平和を語る会」がもたれてきた。たとえ小規模であってもこうした会が、わが弁護士会で続けられてきたことは、貴重なことであった。しかし昨年から今年にかけての、急速な政治の右傾化の流れは、もはや容易なことでは押し止め難い勢いを持ってきたかにみえる。数日前の新聞に「戦争は人を狂気にするという。しかし実は、狂気は戦争よりずっとずっと前に存在するのではないか」という趣旨の一文があった。この春から始まった教科書の改定や、「核戦争時代に生き残るためのノアの箱舟づくり」というスローガンで核シェルターの建設などを目的とした「市民防衛組織」の発足などを見ていると、狂気の時代はもう始まっているのではないかと慄然たる思いがする。このような状況下で迎える今年の八月一五日は、従来の内輪の戦争体験の交流にとどめず、市民参加のもとでより充実させたものにしようということで、憲法問題研究会もこれを共催することになった。

当初、研究会では、この企画は、戦争を知らない若い世代を中心にして、彼らが戦争について何を知りたがっているか、何をききたがっているかをまとめ、戦争体験者に質問を出し、体験者がそれに答えるという形で構成したいと考えていた。しかし結局そうした形で会を構成することは出来なかった。反省すればその理由は二つあった。一つは、市民参加のもとで戦争体験を語り合う催しは初めての試みで、一体どういう人がどの程度参加してくれるのか見通しがなかったことである。街頭でのビラまきは一度試みたけれど反応きわめて悪く、お盆休みの最中でもあって、人の集まりは期待出来なかった。結局、従来とほとんど同じメンバーの内輪の集まりに終わってしまうだろうと主催者側に早くも諦めの気持ちがあった。

そしてもう一つ、憲法問題研究会としては、従来行われてきた戦争体験者を中心とした座談的な「語る会」を、急に若い世代中心の研究会的なものにすることについて幾分かの遠慮があった。語る側に、語りたいという溢れる思いがあるならば、たとえそれが普遍化しうる体験として整理されたものでなくても、ともかく十分語ってもらいそれを聴く、そこから次へつなげていくものさえ残れば、第一回目の試みとしてはそれで良いではないかという気持ちもあった。以上二つの理由から、若い世代の主体的取組みの気運と準備体制をつくり上げることとの出来ないままに当日を迎えてしまった。しかし、会には、私たちの予想を超えて多くの市民と会員が集《つど》って下さった。懸念していたとおり、「語り手」中心の会の運びは、私自身の司会のまずさもあって、十分に議論のかみ合わないままに終わってしまったが、そこで語られた数々の事実は、自ら体験した者の口から語られるだけに、聴く者の心にずしりと応える重さがあった。

戦争はなぜ阻止出来なかったのか、阻止出来る条件とは何か、阻止しうる可能性はどの時期、どういう形であったのか、いま国民は何が出来、何をなすべきなのか、戦争体験は、いまどう生かされるべきなのか、戦争体験者と若い世代が一緒になって考え合うべきテーマは多い。そして、そのほとんどが来年の課題として持ち越された。だが、これは来年の課題ではないのかも知れない。出来る限り多くの人が、それぞれの場所で民主主義の原則を貫き、さまざまな機会に、平和と民主主義を守るための知恵を出し合って、たとえ小さなことであっても一つ一つ行動し続けていくことが、いま一番大切なことではないかと思う。今年八月六日の原爆の日、福岡県では、九割以上の小中学校が登校日にして「平和授業」を行ったという。「八・一五のつどい」も全国各地でさまざまな形で行われた。

平和を守る道に王道はないのであろう。国民の不断の努力がいま切実に必要とされているのだと思う。今後も憲法問題研究会は実績ある活動を確実に積み重ねていきたいと思う。

（「名古屋弁護士会会報」第二四五号、一九八一・八）

「改正刑法草案」は表現の自由をどのように制限しようとしているか

我国の刑法は、国民から表現の自由を奪ってきた長い歴史をもっている。旧憲法下のきびしい言論統制のもとで、刑法は、刑罰的威嚇によって、国民の自由な言論を封じる重要な役割を担ってきた。たとえば「事実の証明」による免責を許さなかった名誉毀損罪は、摘示された事実が、真実であると否とにかかわらず成立し、政治家は、刑法によって、国民の批判にさらされることから免かれていた。例えば、古い判例（昭一〇・四・一）をみると、ある人が、演説会で三千人の聴衆に対し、「県会議員Aは、岡崎公園内の池に投網して鯉を窃取したが、その職権を笠に着て、警察官の逮捕を免れているが、かような不徳漢を岡崎市民が、県会議員並に市会議員に当選させたことは市民の一大恥辱である。故に速にAに対し辞職勧告をすべきである」と演説した事件につき、事実が真実で公知のものであったにもかかわらず、名誉毀損罪は、当然に成立するものとされた。このような形をはじめとして刑法は、国民からさまざまな場面における表現の自由を制限し、政治的批判を刑罰によって封じてきた。

かかる刑法が、昭和二二年に一部改正がなされたとき、最も新憲法の精神を明確に具現したのが、表現の自由を保障するために、名誉毀損罪について事実の証明を許した現行刑法第二三〇条の二の諸規定の新設であった。そのとき、一般的な場合において事実の証明を許す要件を定めた第一項に加えて、最も厳しい形で個人の名誉との衝突が予想される犯罪報道の場においても、真実にもとづくものである限り、報道の自由が保障されることを明言し（第二項）、また真実である限り公務員への批判は自由であること（第三項）が、わざわざ念入りに、いわば重複的に規定された。このことは、右規定のなかった時代に、いかにこれらの自由が圧迫されていたかを示している。同時に、不幸な戦争の体験から、言論、出版などの自由が他の一切の自由の前提になるものであるとの自覚の上に、刑法が国民から表現の自由を奪ってきた暗い時代に訣別し、新憲法の理念にそって、つくりかえられようとしている新しい日本へ、積極的に対応していこうとする姿勢を示したものと考えることが出来る。そしてそれ以後、我国の言論、特に新聞その他出版物における自由な報道は、これらの規定をよりどころとして、大きく成長してきた。

今回の刑法改正問題を、言論、報道の自由との関係において論ずるには、以上のような刑法のたどってきた歴史を抜きにして考えることは出来ない。一見重複的に見える規定のもつ、歴史的な重みを考えるとき、それを削除しようとする改正案の意図を、われわれは正しく読みとらなければならない。

そこで、このような基本的観点に立ち、以下「改正刑法草案」（以下単に草案という）が表現の自由、特に新聞その他出版物による報道の自由と、それと表裏一体である国民の知る権利をどのように制限しようとしているかを、具体的な改正点の検討をとおして明らかにしたい。

まず第一に指摘しなければならないのは、草案が名誉毀損罪における事実の証明による免責の範囲を縮小しようとしていることである。具体的には現行刑法第二三〇条の二第二項の「公訴提起前の犯罪行為に関する事実は、これを公共の利害に関する事実とみなす」という規定が草案からはずされたことと、第二三〇条の二第三項が、公務員又は公選による公務員の候補者に関する事実は、摘示した事実が真実である限り、いかなる場合も罰せられないと規定していたのを、草案では右の原則に例外を設け、「摘示事実が、もっぱら私事に関するものであるときはこれを適用しない」としている（草案三一四条二項但書）ことである。

まず報道機関による犯罪報道は、それ自体非常にむずかしい問題をもっている。すなわち一方では、公務員法や刑訴法に基づく捜査の秘密、少年法の記事掲載の禁止規定などによる壁があり、他方、民刑両法にまたがる名誉毀損の制約や、人権保護の要請がある。更に最近では、捜査機関のマスコミ対策が規格化され、新聞記者がニュースソースに近づくことを拒否するかわりに、広報担当官がすべての発表を一本化して代行するという傾向が強くなってきている。広報が一本化された結果、現場のナマの声は容易に取材することが出来ず、「正式発表」という形で官製情報ばかり出されてくることになり、自由な取材の幅が次第にせばめられている。かかる困難な事態の中で、広報担当者からの官製の発表だけでなく、より質の高い報道をめざして、独自の困難な取材活動を続けている第一線の事件記者達を支えているものは何か。それは「事実に反しない限り、どんな場合でも名誉毀損罪に問われない、真実の報道でありさえすれば問題の起きる余地はない」という刑法第二三〇条の二第二項の規定の存在であり、それからくる安心感であると言われる。この規定が持っている社会的意味はそこにあり、それは、長い間、犯罪報道の自由を支えてきた一つの柱であった。

しかるに草案は二つの理由からこれを削除しようとしている。一つは「この種の事実は公共の利害に関するのが通常であり、みなすという擬制の規定を設けるまでもなく第一項により事実の証明が許されるから第二項は不要である」との理由であり、一つは「捜査中の犯罪に関する興味本位の行き過ぎた記事等によって被疑者その他の関係人の名誉を不当に侵害し、また捜査上の支障を生じさせる場合もあること等を考慮したもの」とされている。しかし、この二つの理由はよく考えてみると、極めて矛盾していることに気づく。第一の理由は、犯罪報道の自由は第二項がなくても第一項で守られるから、第二項の存否は、犯罪報道に対する法規制に何らの変化も生ぜしめない。言いかえれば、不要な重複規定の削除であるという考え方に立っている。ところが、第二の理由は、第二項の削除によって、犯罪に関する行き過ぎた報道をチェックさせることをねらいとしている。このように一方で、第二項の削除による実質的な影響はないとしながら、他方で削除することに一つの機能をもたせていることは明らかに矛盾である。そこに、はからずも、草案の意図するところが露呈されたと見るべきである。第二項の削除は、形式的には重複規定の削除であるとされながら、その実、行き過ぎの報道を取り締まる名目で報道の自由の圧迫へつながっていく大きな危険をはらんでいると言わなければならない。

行き過ぎた報道は、本来報道機関の自粛と世論の批判によって正されていくべきものであり、刑罰による威嚇によって刑法にその機能を果たさせるならば、それによって失われるものの大きさは、計り知れないものになるであろう。

なおこの問題に関し報道機関は、当然第二項の削除に強い反対の意思表明をしているが、更に、一つの積極的な改正への提言をなしている。それは、名誉毀損罪の事実の証明による免責条項において、「その事実が真実であること」の次に「または真実であると信ずるに足る相当の理由があること」を追加挿入した規定をおくべきであるとの要望である。

この要望は、昭和四四年六月二五日の最高裁大法廷における「名誉を傷つけたとする事実が真実であるとの証明がない場合でも、真実であると誤信するについて、確実な資料、根拠に照らし相当な理由があれば名誉毀損罪は成立しない」とした判例にもとづいている。この最高裁判例は、客観的に真実の証明がない限り免責されないとしていた従来の判例を変更したものであった。このように最高裁の判例でさえ「真実の証明」をゆるやかに解し、報道の自由を積極的に保障しようとしている社会的すう勢の中で、草案の意図する改正の方向はきびしく批判されるべきである。

次に第三項の「もっぱら私事に関するもの」の例外条項について考える。

政府及び公務員に対する批判の自由は、民主主義にとって不可欠のものであり、すべての自由の前提である。また、政治批判の自由なくして表現の自由が存在しえないことも言をまたない。そして政治家の生活において、公務と私生活が判然と区別されるものでないこと、また私生活こそ、彼の政治姿勢を知る最も良い資料であることも国民は長年の経験で知っている。国民には、公選による公務員の選定にあたって、彼に全人格的な評価を加える権利がある。そして報道機関は、そのための資料を十分に提供する使命があり、また真実に反しない限り、こと公務員に関する限り、名誉毀損で訴追されることはない。その意味で第三項は、第二項と同様、新聞その他の報道機関を支えてきたもう一つの柱であった。

草案は、この例外規定を新設する理由は、最高裁第三小法廷、昭和二八年一月一五日のいわゆる「片手落ち事件」の判例の趣旨を明文化するためであると言っている。しかし、この事案は、奈良県のある町で、某町会議員が、自治警廃止論から存置論へ考えを変更したのを、ローカル新聞が批判するにあたり、同町議が片手がないのにひっかけて「二、三日のわずかの期間内での朝令暮改の無節操振りは、片手落の町議でなくてはよも実行の勇気はあるまじ。肉体的の片手落は、精神的の片手落に通ずるとか？」と書いた記事につき、「凡そ公務と何等関係のないことを執筆掲載することは、身体的不具者である被害者を公然と誹謗するものである」として名誉毀損罪の成立を認めた事案である。しかしこの事案は、身体的不具者の肉体的欠陥を、事実の摘示というよりむしろ、諧ぎゃくの材料とした極めて極端な事例であったと言える。同判例も、一般的な意味で「私事に関するものは免責されない」と判示しているものではなく、この判例を根拠に、草案が一般的な形で私事に関する例外規定を設けようとするのは、故意に判例を拡大解釈したものと言わねばならない。かかる例外規定が、将来、どのような形で表現の自由を圧迫し、政治家に国民の批判からの〝かくれみの〟を与えることになるかは、かつての旧新聞紙法時代の判例が如実に物語っている。

旧新聞紙法第四五条に、やはり草案と同様の私行に関する例外規定がおかれていたが、これに関し大審院判例は、「市会議員が市の失業救済事業である道路舗装工事に関し、幽霊人夫の労賃を詐取した行為は、市会議員の資格における行動とは無関係であるから私行である」とか「魚肉燻製工場を設置するような個人の行為は、たとえそれが市会議員の経営で工場からの悪臭が公衆の利害に影響があっても私行である」という判断を行った。これらをみれば、この例外規定の危険性は、誰の目にも明らかである。

次に指摘しなければならないのは、草案の公務員機密漏示罪（草案一四〇条）、企業秘密漏示罪（草案三一二条）の新設が、いかに取材の自由を制約し、国民の知る権利と対立するかという点である。

（一）現行憲法の施行とともに「我国には、国防機密は存在しない」との建前から、国家秘密について報道を直接規制する法律はいっさいなくなった。それまであった軍機保護法、国防保安法、軍用資源秘密保護法など、軍事上、国防上の秘密を保護する特別法はすべて廃止され、刑法の通謀利敵罪も削除されたからである。現行法のなかで、秘密の保護を目的としているのは、安保条約＝刑事特別法、ＭＳＡ＝秘密保護法、公務員関係法の秘密を守る義務（国家公務員法一〇〇条一項、自衛隊法五九条、地方公務員法三四条）などである。これらのうち、刑事特別法—ＭＳＡ秘密保護法の系統は、駐留米軍、供与兵器の秘密保護を目的とするもので、日本の国家秘密の保護法ではないから、現行法規のなかで、日本の国家秘密と報道についてなんらかの制約を加えているのは公務員関係法だけである。この意味で、国民は、広く国の政治、行政に関する事実を知る権利を有してきたし、取材の自由も、保障されてきたと言える。しかし、今回草案が、本来公務員の服務規定にすぎなかった公務員関係法の規定を公務員機密漏示罪として刑法に新設し、国家秘密に刑法的保護を与えることの意味は重大である。

もともと国家公務員法の秘密保持に関する事項は、その構成要件が不確定であるとして疑義がもたれている法である。「機密」や「秘密」の意味について各省庁で行政解釈がなされ、いわば白地規定として違憲の疑いがある。これが、そのまま、「機密」についての何ら具体的概念を定義づけずに刑法にもちこまれることの危険性は極めて大きいと言わねばならない。また現在までに公務員法の秘密をおかして取材した報道関係者が、公務員法違反の共犯として処罰されたケースは幸いにしてないが、これが草案どおり刑法犯として規定された場合、共犯規定がきびしく適用されることは当然であり、取材の自由がおびやかされることは明らかである。

安保条約＝刑事特別法やＭＳＡ関係法が、もともとは米軍関係の秘密保護が目的であるのに、我国の自衛隊の装備、編成、防衛計画と表裏一体をなして防衛秘密の聖域をつくり出している現実や、本来は公務員の服務規定である公務員関係法の秘密規定が、高度に活用され、官省庁の秘密が訓令によって拡大され、すでに防衛、外交上の国家秘密を守る手段になっていることを考えると、この上刑法にかかる規定を新設することが、何も知らされずに戦争に協力させられた過去の国民のたどった道を、再び国民に歩ませる結果になりかねないとさえ思われる。

（二）企業秘密漏示罪の新設は、今までにも取材の壁であった「企業の秘密」をタテにとった取材拒否を助長し、刑法的保護を与えて正当化するものである。

某自動車メーカーの試走車で福沢という一流レーサーが死亡した。当然、車の欠陥性が問題となるべき事件であったか、「企業秘密」を理由に報道陣の取材は拒否された。コンビナートの爆発火災に、取材陣がはいれなかった例もある。

消費者の正当な利益や、地域住民の生命健康を守るためには、企業に対する国民のたえざる監視が必要であることは、この数年来の企業の反社会的行為の数々を考えれば明らかである。

企業秘密という免罪符を企業に与えて、国民の監視の目をさえぎることを意図するこの規定の新設は、必ず公害反対運動、消費者運動等を抑圧する機能を十分に果たすであろうと思われる。

また公害や欠陥商品の告発のために、報道機関が企業内部から情報を引き出すことを困難にし、前述のとおりすでに困難になっているこの種の取材の道をますますせばめ、国民の知る権利を圧迫する結果になることは明らかである。国民の権利や自由を犠牲にして、企業利益を露骨に保護するこの規定は削除されなければならない。

以上草案中の名誉毀損罪、秘密漏示罪との関連において、表現の自由、特に新聞その他出版物による報道の自由が制限されようとしている点を指摘してきたが、この他にも草案中には表現の自由とのかかわり合いで問題となるべき点は多い。「わいせつ文書頒布罪」（草案第二五一条）の第二項の新設は、警察等行政機関による出版物の事前規制を必然的なものとし「検閲」につながる危険をはらんでいるし、外国の元首、使節に対する公然侮辱罪（草案第一三三条）も、外交問題に対する国民の自由な批判に刑罰的威嚇のかげを投げかけるものである。また広告犯罪類型を新設した営業的詐欺罪（草案第三四二条）の新設は、その運用如何によっては大衆表現の著しい制約につながっていく。このように「改正刑法草案」は、すべての自由の大前提である表現の自由をいろいろな面から制限しようとしており、長い歴史の中で勝ちとられてきた表現の自由は、それを守るために、今、国民の最大の努力を求めているように思われる。

（「名古屋弁護士会会報」第六号、一九七四・六）

国の予防接種行政の誤りを裁く

一、はじめに

「私は山梨県大月市大月町真木一七五六番地、金森仙太郎という者で、予防接種の被害で廃人となった金森秀樹の父親であります。この度は、裁判長様の袖にすがる思いで、今朝の二時半家を発ち、ようやくにしてこの法廷にたどり着いたのです」。これは、昭和五一年六月一七日、名古屋地裁二四号法廷で開かれたワクチン禍訴訟第一回口頭弁論における原告金森仙太郎の冒頭陳述のはじめの一節である。「たどり着いた」という言葉が、原告たちの気持ちを最もよく表現していて、聞く者の胸を打つ。被害児をかかえて、どこへ救済を求めても、道のなかった原告らの、ようやくにしてたどりついた二四号法廷であった。

この訴訟は、原告ら一二世帯三〇名が、国を被告として、総額一三億六千万円の損害賠償を求めたものであるが、その目的とするところは、戦後から現在に至る国の予防接種行政の在り方を糾弾し、被害の原因と責任を明らかにし、被害者が人間としての尊厳を保ちつつ生きていけるための設備や制度の確立であり、同時に将来における同種被害の防止であった。

二、訴訟内容と経過

現在この訴訟は、昭和五三年四月に提起された第二次訴訟が併合され、名古屋地方裁判所第五部で審理中である。

第一、第二次訴訟を合わせると、原告数は、五五名二一世帯であり、このうち七世帯は、被害児を亡くした親たちであり、その他は、重篤な後遺症をもった子どもとその両親である。

被害は、最も古いのが昭和一三年で、最も新しいのが昭和五〇年である。ワクチンの種別では、種痘一〇、三種混合（ジフテリア、百日咳、破傷風）五、二種混合（ジフテリア、百日咳）一、インフルエンザ二、百日咳一、ポリオ生ワクチン一である。

被害児のひとり川原智喜（一七歳）は、よく肥った大きな身体で、いつも傍聴席に姿をみせる。ときどき傍聴席で発作を起こす。倒れた時頭を打たないように、いつも頭に黒い帽子のようなワクをはめている。訴状では彼のことが次のように書かれている。「川原智喜、昭和三七年八月一九日生、昭和三八年六月一三日、刈谷市で二種混合ワクチンの接種を受ける。接種して帰宅直後三七・八度の発熱、顔面蒼白、直ちに入院したが全身けいれん、呼吸困難となる。

三九度以上の熱が数日続き一〇日後くらいから左半身マヒとなる。七月一七日退院、昭和三八年七月から約五年間マッサージ低周波治療に通ったほか、今日まで知能障害、てんかん発作、左半身マヒ等の治療のため通院を継続した。現在左片マヒ、知能障害（ＩＱ三五以下）、症候性てんかん（一日一〇回以上卒倒発作）の障害を残し、目を離すことができない。現在愛知県立養護学校に通学している」。

なぜこんなことになったのだろう？　被害児の親たちが何百回、何千回となく繰りかえしたであろうこのつぶやきが、いまようやく声となって法廷に出され、答が次第に明らかにされようとしている。

原告弁護団は野島団長、山田幸彦事務局長を中心に総勢九名で比較的少人数だが、集まる日には、ほとんど欠席がない。第一次訴訟提起のあと、弁護団は、一二五〇ページ近い準備書面（第三、第四）を提出し、伝染病予防対策における予防接種の位置づけから始まり、わが国の予防接種制度の概要とその変遷、予防接種事故の沿革、予防接種の実態と問題点を詳細に述べ、被告団の責任の所在を明らかにした。内容をやや具体的に述べると、まず環境衛生の整備など恒久的対策に主眼をおくべき伝染病予防対策の中にあって、本来は補助的手段にしか過ぎないはずの予防接種を被告団は、いかに偏重してきたか、すなわち国は、昭和二三年という戦後の混乱期に制定された予防接種法にもとづき、他国に類をみない数多くの予防接種を国民に義務づけた。しかもその後においてはサーベイランス（疾病流行監視）を怠ったまま十年一日の如く接種を強行し、すでに流行のおそれが全くなくなった疾病についての予防接種や、ほとんど効かないと言われているワクチンの接種などが、法の名のもとに、公然と行われてきたのである。その結果我国において痘そうで死亡した者は、昭和二七年以来今日までの二十五年間、一人もいないのに、その二十五年間に痘そうの予防接種である種痘によって死亡した者は少くとも一三六名あり、三〇〇名を超える重度心身障害者が発生しているというような驚くべき事態を惹き起している。

予防接種ワクチンは、弱毒化、不活化されているとはいえ、人体にとって本来的には、異物であり毒物である。予防接種はまさに健康体に毒物を注入するのであるから、その実施に当たっては、常に副反応の危険を考慮に置き、それを防止しなければならないことは当然である。そのためには、被接種者の健康状態や体質を十分に把握し、禁忌に該当する者を的確に判断して接種の対象から外し又は、身体の状態に応じて適切な方法で接種しなければならない。しかるに、これまでの予防接種の現場はどうであったか。混雑と喧噪の中で、一人の医師が一時間に二〇〇人を超す接種を行い、予防接種実施規則で定められた禁忌発見のための予診問診は、全くと言ってよいほど行われていなかった。証人に立った医師が、「自分は注射を打つ機械で、いかに早く正確に打つかだけがすべてにならざるをえなかった」と述懐しており、また「闇夜に鉄砲を打つようなものだった」とも言わしめるほどの予防接種現場であった。原告らは、まさにこのような杜撰《ずさん》な予防接種行政の、たまたまのしかし必然的な犠牲者であったと言える。

原告は、訴訟提起後現在までの三年間に、五人の学者証人によって、右の主張事実を立証してきた。そして現在は、国側のはじめての証人である春日斉証人の反対尋問の最中である。国は同証人によって「我国の伝染病予防対策及び予防接種行政が、その時点の科学の進歩に応じて適切妥当に行われてきたこと」を立証すると言っている。しかし先回七月五日に行われた野島団長の反対尋問は、さすが団長と思わせるきびしさで証人に迫り、つづく加藤良夫弁護士も、若さと持ち前の情熱で証人を圧倒した。このあと九月一三日と一〇月二五日に反対尋問が予定されており、現在弁護団は総力をあげてこれに取り組んでいる。

三、おわりに

原告らは、この訴訟における損害賠償の法的根拠を、第一次的には国の予防接種における安全確保義務違反として債務不履行構成をとり、予備的に不法行為として国賠一条の責任を追及している。国の問診義務違反を認めて損害賠償請求を認容した判例も相次いで出されている現在、われわれはこの訴訟に明るい展望をもっている。成田、加藤両弁護士を中心とした法律班は通称「新たなる地平」と呼ばれている画期的（？）な理論の樹立に懸命であり、大道寺、山本（秀）、戸田弁護士らは小児科専門医の如く禁忌を研究している。本年四月、大竹弁護士を加えて、弁護団は一段と賑やかに楽しくなった。

傍聴席から川原智喜君が、全幅の信頼をこめた純真さで弁護団に笑いかける。鈴木美恵ちゃんも、中村世津子ちゃんも、不自由な身体で法廷に来て静かに裁判を聞いている。この子たちが、まだこれからの長い生涯、本当に人間としての尊厳を保ちながら生きていけるよう、私たちは、がんばらなければ……と思う。そしてこれから生まれてくる大勢の子どもたちが、こんな悲惨なめに合わないためにも、この訴訟は勝たなければならないと思うのである。

（「青法協なごや」一九七九・一一）

人権の灯をかかげて力ある弁護士会に!!

（名古屋弁護士会副会長への立候補にあたって。一九八九・一）

一、はじめに

このたび、私は名古屋弁護士会の次期副会長に立候補いたしました。何かと未熟ではございますが、できる限りの力を傾けたいと思っています。どうかよろしくお願い申し上げます。

私が名古屋弁護士会に入会しましたのは一九六四年、東京オリンピックの年でした。日本が高度経済成長の坂道を登りはじめた時期です。はやくも二十五年近い歳月が流れました。身近に法曹のいなかった私は、右も左も判らないまま弁護士になり、この二十五年間、なんと多くの先輩や友人たちに教えられ、育てられてきたことかと、改めて感じております。このたび私が副会長に立候補しましたのも、この激動の四半世紀、在野法曹の砦として、この地でしっかりとその役割を果たしてきた名古屋弁護士会を、そして私を今日までほぼ一人前の弁護士に育ててくれた名古屋弁護士会とその仲間を、とても愛し、大切なものとして自分の中に位置づけたからであります。

日本社会の右傾化が進み、批判勢力が弱体化しつつある昨今、権力をもたない国民の側にきちんと立ち、その人権と利益を守る在野法曹の集団として、弁護士会はこれからますます力をもたなければならないと思います。弁護士会を弱体化させたり、変質させようとする動きに対しては、たたかわなければなりません。

こうした重要な時期に一年間専ら会務にたずさわることが出来れば、意義深いことであろうと考え、立候補の決意をいたしました。子どもたちも成長し、仕事と子育てのはざまで悩む時期も終わりました。一年間がんばろうと思っています。

二、在野法曹の集団として、力ある弁護士会をめざして

会務については、これまで日弁連や当会がとってき

た基本姿勢を正しいものと考えています。先輩たちが積み上げてきた蓄積の上に、また新しい一年が積まれていくことになるのであって、とくに目新しいことや、めざましいことが出来るものではありません。むしろ従来の弁護士会の路線が今後もきちんと堅持されるよう、その基盤をより強くすることが、いま必要な時ではないかと思います。

司法試験改革をめぐって、法曹のあり方にも議論があります。しかし、私が見てきたこの二十五年間、弁護士も弁護士会もよくやってきました。公害、消費者問題、医療過誤、民事介入暴力、サラ金問題、ひいては子どものいじめや退学問題まで、弁護士はひろく国民のニーズにこたえてきたと思います。私が弁護士になった頃は予想もしなかった問題や、大学や研修所で決して教えてもらわなかった分野にも、弁護士は努力を重ね研鑽を積み、必要な時は弁護士会が組織的に問題に取り組み、国民の期待にこたえてきました。それ故にこそ現在、弁護士は国民の間に信頼される存在となり、弁護士会は社会に対して一定の発言力をもち得たのです。弁護士は戦後の四十年間を通して、弁護士法一条に定められた在野法曹としての使命をよく果たしてきたといえます。私たちはこの点を正しく評価する必要があります。

最近「弁護士は社会の国際化・高度化・多様化に対応できていない」という声があります。いま大きな問題になっている司法試験改革の底流にある考え方であります。本当にそうなのでしょうか。何か弁護士の在り方や弁護士会の路線を反省しなければならないほどのまずい事態がおきているのでしょうか。私はそうは思っていません。

まず「多様化」に対しては、右に述べたようにさまざまな分野で十分に対応してきたといえます。「高度化」というのは抽象的ですが、たとえば先物取引の被害救済や医療過誤訴訟などかなり高度な知識と知恵を必要とする分野や、子どものいじめや、不登校など子どもの心を対象とした法律よりももっと高度といえる心理学との接点にまで、弁護士は対応しています。高度化に対応していないというからには、もっと具体的にどういう分野のどういうレベルの問題に弁護士が対応していないかを示すべきでありましょう。

「国際化」に対する対応については、私は十分判りませんが、東京で渉外事件を専門にやっている弁護士がすでに一生懸命対応されているのではないのでしょうか。能力的に不十分という問題が、需要側から提起されているのであれば、その方たちが研鑽されればよいことであって、弁護士全体があわてふためく問題ではないように思います。もし渉外事件が弁護士会の相談窓口に日々持ちかけられる事態になったら、きっと新しい研究会ができて、自然にそれらへの取り組みがなされるでしょう。真に需要があれば弁護士はそれに対応できるし、対応するはずです。

渉外事務所が若くて優秀な人を採用したがっているようですが、われわれの仕事において、若いとか年寄りであるとかは単純な評価の基準になり得ないはずです。雇う側にとって若い人の方が使いやすいのは判りますが、それは雇用の論理であって、現代社会における労働者の人権抑圧と同様の構造が、自主独立であるべき弁護士間にまで生み出されることは認めることはできません。また優秀とはどういうことをいうのでしょうか。英語ができることの外に、なにかわれわれに特に欠けている能力が要求されるのでしょうか。渉外事務所だけが優秀でなければならないというのは不遜です。むしろ弁護士法一条を実現するためには、年齢や性別に関係なく、正義感に裏づけられた高い能力が必要であり、そのためにわれわれは日々研鑽を積んでいるのではないでしょうか。

渉外事務所に人数が足りないという問題があるのでしょうか。最近渉外事務所に就職する人の数は年間五〇人から六〇人だときいています。昭和四〇年代は二〇人くらいでした。この間、多くて四〇人くらい増えたにすぎないようです。一方昭和四〇年代の司法試験合格者は五〇〇人から五五〇人でしたが、法務省・最高裁は何を思ったか、昭和四九年から六二年までの一四年間は、平均四七〇人前後に減らしていました。約五〇人程度減らしてきたわけです。渉外事務所の不足分があるとしても、従来の数に戻すなり、その幅のなかで十分解決できるもののように思います。ところがその法務省が司法試験改革の中で、合格者を毎年七〇〇人に増加させる案を出しています。これは「国際化への対応」という問題だけとは考えられません。

また聞くところによると、渉外事務所では途中退職者が多く、彼らはほとんどの場合、渉外事務所として独立出来るわけではないようです。事務所内ではなかなかパートナーになれず、パートナーになれない場合は将来にわたって渉外事務にたずさわれるかの不安があるようです。所得の配分などにも問題が多いようにきいています。

渉外事務所の人員不足が仮にあるとすれば、こうしたところに原因があるのではないでしょうか。弁護士全体の総数の問題ではないと私は思います。

「企業のニーズに応えていない」という声もあります。「国民のニーズ」とすりかえるよりも正直でよいとは思いますが、ほとんどの法律事務を社内で処理している企業が、本当に別料金を支払って弁護士に仕事を出そうとしているのでしょうか。出そうとしても弁護士に能力がなくて出せない状況なのでしょうか。わたしにはとてもそうは思えないのです。企業には必ず顧問弁護士がおられます。しかも大先輩の方々です。それらの先生方が企業から出される法律問題に対して、能力がなくて対応できていないとはとても思えません。弁護士は、相当難しい問題にも応える力をもっています。それは予想もしなかった難しい社会問題に対応してきた過去の実績が証明しています。ひとり企業から出される問題にだけお手あげということはありません。もし顧問会社からの特別注文があれば、先輩は若手の弁護士を募って下さい。彼らはきっと新しい問題に対しても勉強して対応すると思います。企業からのニーズが本当にあるのならば、どの分野のどういう問題について弁護士が要るのかを具体的に示して、仕事を弁護士会にもってきてもらいたいものです。

どうも「弁護士がニーズに応えていない」という場合のニーズは、幻のようではっきりしません。はっきりしないニーズに「対応していない」といわれても納得できません。

それではなぜ、これまでの弁護士の社会に対する対応について敢えてマイナス評価をするのでしょうか。それはどうも弁護士や弁護士会がこれまで使命として歩んできた道すじにゆさぶりをかけ、従来の姿勢を変えさせようとするもののように思えてなりません。これまで弁護士は、国民ひとりひとりから大小さまざまの事件の依頼を受け、それを法的に処理しつつ、弁護士法一条にかかげられた人権擁護と社会正義の実現をめざしてきました。弁護士は、何ものにも従属しないことで、それらの使命を果たし得てきたのだと思います。いま企業が求めているものがあるとしたら、弁護士が現在のように自主独立を保ちつつ企業からの依頼に応じることではなく、弁護士を企業の中に取り込み、企業利益の擁護にだけ役立つ弁護士、もっと企業に密着し企業に経済をあずけて専門化した弁護士集団、いわば企業法務部化した弁護士たちを企業法務部なみのコストで使うことではないでしょうか。裁判が遅延し司法が本来の機能を十分果たせていない現状で、弁護士の数だけがバランスを失して増えれば、弁護士が企業利益に従属せざるを得ない事態も容易に想定できます。

弁護士法一条は、権力と対立する意味での人権、権力を持たない個々の国民の人権、権力から守られていない弱者の利益、それらを護るために在るといえます。特定の利益に従属していては、到底その使命を果たせない性格のものです。だからこそ、弁護士にとって自主独立は何よりも大切であり、弁護士自治もそのためにあるのです。放っておいても国家権力が守ってくれる利益のためには、弁護士でなくとも間に合うはずです。それでも企業が弁護士を求めるとすれば、それは現在のような自主独立の弁護士に仕事を出すことを意味するのではなく、弁護士を企業法務部的に社内に抱え込み、結果的に現在の企業法務部に弁護士資格を持たせるというもくろみを達成することではないでしょうか。それはもはや弁護士にとっての業務の拡大ではなくて、弁護士資格の拡大という別の問題と考えねばなりません。

弁護士資格が拡大し、特定の利益に従属した弁護士がふえれば、やがて弁護士会の変質は避けられません。弁護士法一条を使命として国民の小さな権利と利益のために働く弁護士の経済基盤は相対的に弱体化し、弁護士や弁護士会の人権活動が後退すれば、日本の民主主義が弱体化することは明らかであります。

戦後の法制の中で、日本国憲法・教育基本法・弁護士法は一体であり、日本国憲法を実質的に支えるものが教育基本法・弁護士法であります。明治憲法下での人権弾圧、教育の国家統制という暗黒の歴史の中で、誤った戦争が行われ、その歴史の教訓から、平和な民主主義国家を建設するためにつくられたのが新しい憲法とこれらの法律でした。憲法第九七条は「この憲法が日本国民に保障する基本的人権は、人類の多年にわたる自由獲得の努力の成果であって、これらの権利は、過去幾多の試練に堪へ、現在及び将来の国民に対し、侵すことのできない永久の権利として信託されたものである」と言い、第一二条は「この憲法が国民に保障する自由及び権利は、国民の不断の努力によって、これを保持しなければならない」と言っています。国民が憲法によって保障された諸権利を不断の努力によって保持しようとするとき、権力を持たない国民ひとりひとりの側にいて、専門的な知識によってそれを助けるという職責を課せられたのが弁護士であります。新しい弁護士制度はそのためにつくられ、弁護士はその職責を十分に果たすために、何ものにも従属せず、権力から自由な職業的地位が付与されたのです。

先輩たちは戦後四十年よくその職責を果たしてがんばってきました。われわれ後輩もそれに続き、その路線をしっかり踏襲し、ますます強固なものにしていかなければなりません。ゆめそれを弱体化させたり、変質させたりすることがあってはなりません。労働組合は社会問題について発言しなくなり、学術会議もかつてのものではなくなりました。言論界もさまざまな脅威にさらされています。社会の批判勢力が弱体化する中で、弁護士会が弱体化することは民主主義の後退につながります。弁護士はこれまでもそうであったし、これからも真に在野法曹でありつづけ、弁護士会は在野法曹の集団として力を持たなければなりません。

そのためには、司法の機能を高め、弁護士の経済基盤も安定させなければならないと思います。そして、国民の立場に立って発言し、国民のニーズに応えて業務に研鑽を積み、日本国憲法を後退させないように監視し、あくまでも国民の支持の上に活動することこそ、弁護士と弁護士会が力を持つことができる王道であると思います。

三、言論の自由を失わないために

長崎市長の「天皇に戦争責任がある」という発言に対し、さまざまな圧力が加えられていることが報道されています。国家権力が言論弾圧に手を出すまでもなく、権力と結びついた、あるいは迎合する国民が、国民の自由な言論に圧力を加え、それを封じていくことに、空恐ろしさを感じます。誰にも強制されないのに、天皇の病気を理由に自粛反応が、自主的な様相で広がっていく不気味さと同じです。日本の民主主義の底の浅さと脆弱さにうすら寒い思いがします。

刑法改正や国家秘密法もいつ何時浮上してくるか知れない状況ですが、こうした土壌の中で刑法改正や国家秘密法の制定がなされたら、民主主義と人権にとって大きな脅威となるにちがいありません。弁護士会が総力をあげて取り組んできたこれらの反対運動は、またまだ不断につづけなければなりません。むしろ事態が急な動きをしない間にこそ、じっくりと国民に対してその危険性を啓蒙し、共に反対する基盤をつくらなければならないのですが、目先の急務が多すぎて十分な活動ができていないのが現状です。

われわれの職業は、言論の自由があってこそ成り立つ仕事であり、これが制限を受けることは職業を危うくすることでもあります。手遅れにならないように、これらの反対運動の態勢を強化する必要があります。

言論の自由は、すべての自由の源泉です。それが弱体化することは、政策や進路の誤りを正す力がなくなり、社会の復元力が低下します。その恐ろしさを日本の国民はいやと言うほど味わったはずなのに、またもや言論を力で封じようとする動きが強まっていることは大変心配なことです。私は自分が育った時代よりも、だんだん自由が失われることにがまんがならない気持ちがします。せめて自分が生きて育ってきた時代と同じ程度の良い社会、ゆたかな社会を子どもたちに残してやるのでなければ、自分の人生が否定される気がしてなりません。

四、弱いものにやさしい社会を

社会からやさしいもの、美しいもの、自然なものがどんどん失われていきます。私が育った時代は、食べるものや着るものは乏しく、何事もいまのように便利ではなかったけれど、政治も人の心ももっとやさしかったし、もっと自然は美しかったのです。

私が弁護士として最初に社会的な事件に参加したのが四日市公害訴訟だったのも、子どもの頃に知っていた伊勢の海が、あまりに変わり果ててしまったことへの怒りがあったからでした。松林までの坂道を走りのぼると、パッと眼下に広がった白い砂浜と海の青さは、美しいものの代表のように、いまも決して忘れることができません。

経済的な豊かさや生活の利便さと引き換えに、われわれはずい分多くのものを失いましたし、いまも失いつつあります。多くの公害訴訟がそれらに歯止めをかけ、失ったものを取り戻すために大きな成果を上げました。しかし公害被害はなくならず、環境破壊は地球的規模で進行しています。産業廃棄物や放射性廃棄物の処理など、新しい問題も後を絶たない現状です。

子どもの世界までが競争社会になり、遊び場と遊び時間を奪われた子どもたちは、行き場のないエネルギーと不満を、はじめは親や教師に暴力で向け、それを押さえこまれると子ども同士でいじめ合い、それもできなくなると、最後は自分自身を痛めつけてしまいます。不登校、情緒障害、自殺にさえ走る子どもたち。この事態に対して教師は自信を失い、暴力で押さえようとしたり、退学という形で見放そうとしています。少年の健全な育成と人権保障を理念とした少年法が、刑事取締り法規としての色彩の強いものに変えられようとしています。「児童は人として尊ばれる、社会の一員として重んぜられる、良い環境で育てられる」と宣言した児童憲章はどこへいってしまったのでしょうか。

庶民のささやかなお金を収奪しようとする悪徳商法が世にはびこり出して久しくなります。土地が投機的に値上がりし、政治が金で動き、額に汗しないで千金を得る人たちの姿が新聞紙上に見えかくれする昨今、庶民の心も動揺します。少しくらいお金を持っていても、不安感はいつも心を離れないのです。悪徳商法がはびこる土壌がいまの日本に確かにあるのです。

公害、環境破壊、少年法の改正阻止、子どもの人権問題、女性の権利の問題、消費者被害、民暴対策、医療問題……弁護士が人権を守る立場から取り組まねばならない問題はいまなお山積しています。社会的弱者の救済は、法の正義であり、弁護士の職責であります。これまでもそうであったようにこれからも、弁護士は常にそれらの問題に的確に対処すると共に、弱者にやさしい世の中のありようを提言できる弁護士会でありたいと思います。

五、真実の発見こそ

先頃、毒ぶどう酒事件の再審請求が棄却されました。再審だけでなく、一度誤った判決がなされると、それを覆すことの困難さは、われわれが日々経験することであります。血のにじむような先輩弁護士の活動によって、いくつかの再審無罪がかちとられ、葬られかけた真実が発見されましたが、誤った裁判のために失われた人生はあまりに大きいものであります。誤判を防ぎ、真実の発見を担保する手続きや制度がしっかりしていることこそが大切です。さし迫った段階にきている拘禁二法は、四、五月頃最大のヤマ場を迎える情勢です。国会の動きなどの情報をその都度会員に知らせ、現状認識を共通にし、いま一度会員が気持ちを一つにして反対運動を盛り上げなければなりません。弁護人の接見交通権の確立も弁護士・弁護士会がたゆまぬ努力を続けなければならない課題です。

私が登録した頃に比べると、刑事裁判に心がなくなり、形式的になりました。裁判官の目が、真実の発見や被告人の更生に向けられたものでなくなり、お白洲糾問的になっていることも憂うべきことだと思います。刑事の裁判官は、被告人に対して同じ人間としての最小限度の敬意をはらった接し方さえしていない時があります。

最近こんなことがありました。検事の被告人質問の際、被告人が質問に対しあれこれしゃべりました。「質問にだけ簡単に答えなさい」と注意がありましたが、事実関係をなんとか判ってほしい被告人はどうしても余分目にしゃべってしまいます。それに質問自体が長くて、二つも三つもの事実が質問のなかに重なっています。なかなか単純に答えにくいのです。しかし三度目くらいに裁判官は怒り出しました。「何度いったら判るのかね。イエスかノーかで答えなさいと何度も言ってるでしょう。もうこれが最後だよ、注意するのは!」と言いました。そこで相弁護人が立ち、「裁判官、注意は最後とはどういう意味ですか!」と怒り、必要な注意ならば何度でもするべきだという趣旨のことを言いました。私も黙っておれず、「質問の中にいくつかの事実が入っていれば、イエスかノーかで答えろという方が無理でしょう」と叫びました。裁判官は抗議に対しては答えず、「もういい、座りなさい」とわれわれを制止しました。

すべてをイエスかノーかで答えさせて、どうして真実が判るのでしょう。われわれが日常の会話をするとき、そんな風にはやっていません。法廷に慣れない被告人が、自分の申し開きをしようとするとき、なんとか判ってもらいたくていろいろ言うのは、人間としてあたりまえのことではないでしょうか。できる限り被告人の言うことに耳を傾けるということが、真実の発見のために刑事裁判では何よりも大切にされねばならないことだと思います。

公訴事実に争いのない事件は、全部の審理を第一回期日に済ませてしまおうという訴訟指揮が岡崎支部で問題になりました。裁判官がまだ記録を読んでいないのに、情状証人を調べ、被告人質問をすることになります。被告人の言い訳や情状などいつ聴いても同じということかも知れません。情状証人の採用にも、なにか恩恵的な感じがする昨今です。しかし被告人は社会の病める部分をあらわしています。犯罪の背後にある被告人の生活や人生に十分な目を注がないで、裁判官は人を裁くことができるのでしょうか。

このごろ思うことは、一般の刑事事件において弁護人は少々もの静かで、遠慮がちで、多少卑屈になっていはしないかということです。被告人が悪いことをしたからといって、弁護人まで卑屈になることはありません。被告人が人間的に扱われなかったり、裁判官が理由なく不遜だったりしたら、もっと弁護人が怒ることがあってもいいいと思います。

弁護士会が会員に国選弁護事件を年に何回か必ず受けてほしいと呼び掛けているのは、大変良いことだと思います。刑事裁判が権力的にならないよう、常に多くの弁護士の目が注がれている必要があると思います。

六、司法が健全に機能するために

司法が健全に機能していないと憲法に保障された諸権利の実効性が低下します。司法が権力に対するチェック機能を失うと民主主義は危機に瀕します。

また司法による紛争解決の機能が低下すれば、暴力がはびこり、お金や義理人情で紛争が処理され、法の正義は遠のきます。われわれ弁護士は社会の中で、司法の機能が害《そこな》われることに対して鋭敏に対処し、司法が健全に機能するように最大限の努力をしなければなりません。それは、われわれの業務対策の第一課題であると思います。

私は最高裁判所が、司法判断をすべきところを回避して行政判断にゆだねたり、司法の領域を狭める方向で行動しがちであるのが理解できません。一生を司法の中で生きてきた人々が、自分たちの領域を狭めるような考え方にどうして立つのでしょうか。

最高裁が司法予算の拡大のために力を尽くさないのにも呆れるほどです。どこの官庁でも、自分の部署に出来るだけ予算を獲得して活動のわくを広げようとしているのに、あの遠慮深さは何なのでしょうか。国家予算に占める裁判所予算の割合は、昭和三〇年度は〇・

九二％であったのが、昭和六三年度は〇・四三％になり、約半分に減っています。裁判官の数も過去三十年間、年平均一五人程度しか増員されておらず、とくに昭和四七年以降は年平均四・五人しか増えていないそうです。裁判所の規模を広げることを考えず、簡易裁判所や地家裁支部を統廃合しようとしています。それこそこの三十年間、社会は高度化し多様化したのに、対応していないのは裁判所の体制ではないのでしょうか。

いま争訟性のある民事事件の一審は、判決まで平均二年三ケ月かかるということですが、紛争当事者に「ぜひ裁判しなさい」とすすめるには、あまりに時間がかかり過ぎます。

アンケート調査によると、われわれの仕事の六〇ないし八〇％が裁判所を利用した仕事のようです。会社関係の仕事の少ない私の場合など、比率はもっと高いかと思います。裁判所の利用を勧められないのはわれわれの業務にとって致命的です。

法律扶助が貧困であることも、国民にとって裁判所を経済的に利用しにくいものにしています。日本の法律扶助の国庫負担率は欧米諸国の三〇分の一（フランス）とか二八一分の一（イギリス）であるそうです。裁判所が人的にも物的にも充実し、法律扶助がもっと国民の利用できる規模になることが、国民の裁判を受ける権利を保障することであると同時に、われわれ自身にとって経済基盤を強化させることでもあります。

司法試験改革問題に対して、まず裁判所の人的・物的設備の充実や法律扶助の拡充が先決であることをはっきり示し、それらの展望を欠く合格者の増加は反対であるとした当会の意見書ならびに中部弁護士会連合会の宣言は、まさに正論であります。

この問題について私たちは、遠い将来までを見据えてものを考え、弁護士が国民から付託された職責と使命に照らして考えを決していかねばなりません。

司法が立法・行政に対するチェック機能を失わず、紛争の処理能力を高めてこそ、在野法曹であるわれわれは良い仕事ができ、その職責と使命を果たすことができるのだと思います。社会の中で司法が十分な役割を果たすことが、弁護士と弁護士会が力をもつことにつながります。

日弁連は裁判所の充実と法律扶助の拡大をめざして、強力な国民運動に取り組む時期ではないかと思います。

七、弁護士の不祥事をどうするか

昨年は会員の大きな不祥事件がありました。多くの会員が長年にわたって積み上げてきた弁護士に対する国民の信用が、このような事件一つで大きく崩れていく情けなさを皆がひしひしと感じました。会員が集まる席では必ずと言ってよいほど、「何とか出来なかったのか」「今後どうしたら防げるか」といった話が出ました。世間では、「弁護士会は何をしているのだ」「自治といいながら仲間同士がかばい合ってきちんと出来ないのではないか」という声をききました。

会員が三々五々集まって嘆いたり、思い付きをしゃべっているだけでは問題の解決につながりません。弁護士会としても、司法判断と懲戒委員会の結論を待っているだけでは不十分です。弁護士会は問題をきちんと整理して、会としてこの問題をどう考えるのかをはっきりさせ、必要があればそれを公表し、必要があれば制度を改革し、今後に役立てるようにすべきであります。

第一は、「弁護士会や会員は、このような事態を事前に回避するための手段をもっているのかどうか」の点検だろうと思います。「われわれは事前に何か出来ることがあったのか、やれることがあったのにそれを怠っていたのかどうか」をしっかり点検することです。もし事前に回避する手段を持ちながらそれが有効に機能していなかったのであれば、十分な反省の上に、今後それが有効に機能するにはどうすればよいか知恵を出さねばなりません。しかし今の制度では、この種の事案に対しての事前予防は無理ということかもしれません。どうも酒席の話では「ああした事件はどうしようもないぜ」という声も多いようです。

現在の制度やシステムではこの種事案の事前予防が無理だとすれば、第二は「他に有効な新しい制度やシステムがあるのかどうか」という問題です。席上、いろいろの思い付きが出されます。「一年に一度、会員が見聞きした情報を真偽の判らない話も含めて理事者に報告書を出す。この報告は会員の義務とする。理事者はそれをもとに必要な調査をする」とか、「綱紀・懲戒手続に事前の仮処分的なものを認める」とか、「苦情が何件以上になったら自動的に綱紀委員会にかかるシステムにする」とかいろいろ出てきます。しかし弁護士ですからすかさず、「そんなこと出来るか」「そんなこと悪用されたらえらいことになる」という反対論も出ます。しかし話はそのあたりでたいてい時間切れになり、あとは別の話に移ったり、カラオケになったりしてしまいます。

確かに弁護士は自主独立が大切にされねばならない職業ですから、有効であるからといって、どんな手段でも採用できるものではありません。自主独立が大きく害される危険があって採用できないものもあります。会員の思い付きを出し合い、議論して、それらをきちんと整理して今後の策を探らねばならないと思います。

せっかくの議論がその場限りで終わっているのが現状ですが、それでは困るのであって、もっと弁護士会は本気で、委員会をつくるか会員懇談会をやるか、何かきちんとした議論の場をつくり、会の今後の方策について結論を出すべきだと思います。そしてそれらの検討が終わったら、弁護士会の考えをまとめ、世間に説明すべきであろうと思います。

（私はまだそうは思っていないのですが）仮に現行のシステムでは、この種の事件は防ぎようがなく、新しい制度やシステムも危険が多くて採用できないとなれば、弁護士会の自浄能力の限界をきちんと国民に示すべきでありましょう。たとえば「弁護士は自主・独立性が大切で、会員同士でも一定限度以上は、強制的な措置が出来ない。それをすると別の危険が心配される。従って、有効だからといって何でもできるわけではない。弁護士会も出来ることは怠りなくやるが、この種の問題に関しては、依頼者自身も十分に気をつけてほしい、不審があれば早めに弁護士会に相談をかけてほしい」とでも言うべきではないでしょうか。

どうも弁護士会は一会員のとんでもない非行を弁護士全体の責任みたいにされていることに対して、きちんと申し開きがしてないように思います。弁護士会の特殊性についても十分世間に理解を求めていないように思います。本当にシステム上防げないものならば、会員総ざんげをしても何もならないし、かえって国民の誤解を深めることになると思うのです。

八、修習に出向制度の復活を

かつて名古屋弁護士会には修習生の出向制度がありました。ある時期の修習委員会がいろいろ工夫して編み出した名古屋弁護士会独自の制度ときいていました。一つの事務所で修習しながら、二〜三週間、別の事務所で別の弁護士の指導が受けられる制度で、修習性が希望を出し、修習委員会が許可する仕組みであったと思います。

弁護士が大変個性的である結果として、法律事務所もそれぞれ大変個性的です。扱う仕事も特徴があります。五十代の弁護士と三十代の弁護士では、生活も仕事も規模が異なります。短い修習期間ですが、できれば二つの事務所で修習できた方が、弁護士の仕事について幅広い修習ができると思われます。たいていの場合、指導弁護士はすでに弁護士としての完成の域にある方々ですが、修習生は登録してすぐにそうなれるわけでなく、むしろ独立したばかりの若い弁護士の事務所で二〜三週間暮らし、経済的な不安を抱きながら仕事をひろげ、委員会活動にもがんばっている姿を知るのも意味あることと思います。また任官する人にとっても、弁護士の実態を複数知る機会になります。この制度を利用して、女性の修習生が私の事務所で修習したことが何度かありました。

このように出向制度は、修習にとって大変望ましい制度でした。

しかしそれが確か五四年頃、廃止されたのです。それも私自身が修習委員だった時のことです。理由は、指導弁護士がせっかく計画的に指導しようとしているのに修習生が出向したいというと指導の計画が乱れるとか、指導弁護士に不満があるようにとられるからよくないとか、あまり利用されていないとかいう理由であった記憶です。廃止の理由も廃止の手続きにも、納得できないものがありました。出向にかわる共助というシステムが設けられ、指導弁護士が自分の事務所だけでは修習に不十分だと考えた場合は、他の事務所に協力を求め得るという制度になったのです。しかし修習生が自分の判断で、別の事務所を選んで希望を出してそこで修習できる出向制度と、指導弁護士の協力体制である「共助」とは本質的に性格の違うものです。私は、修習生のために出向制度は大変よいものだといまでも考えています。自分が修習委員の時に廃止されてしまったことに対して責任を感じてきました。しかしその後、それについて何かできる機会は訪れず現在に至りました。

もし今年、理事者として修習に関与することができたら、いま一度修習委員会でこの問題をとりあげ、出間制度の復活を検討してもらいたいと考えています。

九、「保育所のある弁護士会」という夢

昭和三九年二月に長女を出産し、研修所の二回試験を追試で卒業した私は、弁護士のスタートから「子育てと仕事」のはざまにありました。両方とも自分にとって大切なことである以上、バランスをとりつつ、がんばって両方やるしかないと考えてやってきました。母が同居して子育てのかなりの部分を引き受けてくれ、条件は恵まれた方でありましたが、やはり仕事に全力が注ぎ込めない苛立ちが続きました。

当時、事務所が布池にあり、自宅が近鉄沿線にあり、裁判所は主税町の旧庁舎でしたが、三ケ所を走りまわっていると、時間ばかりかかり、一日中どこにいても落ち着かないのです。とくに子どもが病気だったりすると、途中で一度自宅へ帰り、また事務所へ出たりしました。夜の打合わせや会合にもほとんど出られません。法廷だけの仕事が精一杯でしたが、自分のやりたかった仕事はもっと別にあるように思えて、欲求不満の日々でした。そんな年月が五、六年続きました。

なんとかしたいと考えていたある時、いっそ自宅と事務所と裁判所を一ケ所に集めたら、ずっと落ち着いて仕事ができるにちがいないと思い付きました。裁判所を動かすことは出来ないので、裁判所の近くに自宅と事務所をもってくることを考えました。若くてえらく元気だったとみえて、さっそく不動産屋に行き、裁判所の近くに借家はないかと聞きました。借家はないが、売り地ならあるというのが、そのときの答えでした。銀行でゼロがたくさん並んだ借用書を書いた時は、清水の舞台から目をつぶって飛び下りるのはこういう気持ちかと思いました。でもそれからです。私は時間的にも気持ちにもゆとりができ、大変落ち着いて仕事ができるようになったのでした。はじめて社会的な仕事にも参加できるようになりました。子育てと仕事の両立には、何よりも物的諸条件の整備が大切であると痛感しました。そのころには、女性弁護士も増えていましたが、みな同じような悩みをかかえ、悪戦苦闘していました。病気で保育園にあずけられない子どもを裁判所に連れてきて、法廷の間、皆で代わりあってみていたこともありました。そのころ、「弁護士会に保育所があったらなあ」「会の財政でというわけにはい

かないから、受益者負担だったら考えられるかもしれない」と、よくみんなで話したものでした。働く女性または働く女性を妻にした男性にとって、最も便利なのは、職場内の保育所です。弁護士会館の一角に保育所があって、毎朝、女性弁護士や共働きの男性弁護士が子どもを連れて来て、仕事が終わったら連れて帰る。弁護士会の女子職員も結婚前の職場でなく、もっと一生の仕事として弁護士会に就職してくれるかもしれない。裁判官や裁判所職員もきっと利用するにちがいない。

　これはたいへん夢のある話ですが、単に女性が副会長になったからといって実現できるものではありません。しかし、女性は男性の全く思いもよらないことを考えていることを知っていただきたいのです。

　私が登録した頃、四人だった女性会員も十倍ちかくなりました。弁護士会の女子職員もどんどん増え、しっかりがんばっています。夢もみんなで見るといつか正夢になるかもしれません。

一〇、おわりに

立候補者の所信表明としては、形式も内容も型やぶりのものになってしまったことを、お許しいただきたいと思います。日ごろ仕事や会務の中で、考えたり感じたりしていること、気にかかっていることなどをそのまま書いて読んでいただき、その中から私の考え方や生き方、会務に対する姿勢などを知っていただくのが一番自然だろうと考えたからであります。

　ただ読み返してみると、会務について考えなければならないことの中で、触れることのできなかった多くの部分があるのに気づきます。とくに会の内部の運営や財政問題、広報活動などについては、もっと以前から注意し、考えておくべきであったと反省しています。全く何の考えも持っていないわけではないのですが、今の段階では読んでいただくほどのものがありません。前任者に教えを請い、にわか勉強をしてでも足りない部分を補うつもりでおります。

　一年間の会務の中ではいろいろな出来事が起こるかと思います。いつの場合も会員の総意、または多数の意見にしたがって会が運営されるよう努力したいと思っています。

II

女性として市民として

二つの待合室

朝十時、家庭裁判所の二階は、人であふれる。申立人待合室、相手方待合室と書かれた二つの部屋に分かれて、人々は調停の始まるのを待つ。二つの待合室をはさんだ十二、三の調停室で、離婚、相続、扶養、夫婦関係調整、男女関係解消など、やがていろいろの調停が始まる。夫と妻、男と女、親と子、兄妹たち、広い世の中で、特別のきづなで結ばれた人たちの、そのきづな故に、解き難くもつれたさまざまな思いが、朝の待合室にあふれる。

名古屋に、十九年ぶりの大雪が降った日、私はどうしたわけか午前も午後も離婚の調停があった。決して離婚事件ばかりやっているわけではないが、女性という理由からか家事事件の依頼は多い。調停は時間がかかる。申立人と相手方が交替で調停室に入り、男女二人の調停委員に事情を話し、それぞれの言い分を述べて、その違いを調整し、合意にもっていく。「今日は一日家庭裁判所詰めだなあ」と覚悟をきめて、申立人待合室から窓越しに外を眺める。

白く降り舞う雪の向こうに名古屋高等裁判所の旧庁舎が見える。緑青のドームと、赤レンガの壁が白くかすんでパステル画のように美しい。ヒマラヤ杉の三角形が、雪を乗せていつもより鋭角になっている。大正・昭和と激動の時代をくぐりぬけ、あるときは法の権威の、あるときは法の正義の象徴であったこの美しい建物、かつては多くの人の悩みや苦しみや願いを、奥深く包み込んでいたこの堂々たる建物も、今は空き家になって久しく、あまりにも静かである。

修習生になるまで裁判所を訪れたことのなかった私が、初めて正面玄関を入った時の感動は忘れられない。正面からまっすぐ上がる幅の広い石の階段と、中段の踊り場のステンドグラスが、見事な調和をなしていた。重々しく、やや暗い建物の中で、そこだけは明るく希望があった。その広々とした石段を、ステンドグラスに向かって上れば、世の争い事は、必ず法の正しい裁きによって解決するにちがいないと思わせるものがあった。あのステンドグラスは、今朝も人気《ひとけ》のない建物のなかで雪の光を受けて、青や赤の色を冷たい石段に投げかけているのだろうか。

裁判も調停も、いわば過去の清算である。過ぎてきた事柄、終わってしまった人間関係を、どう整理して次の出発をするかという問題である。そこでは人間の根本的な生き方が問われる。最後まで相手を悪く言い続けて別れる人、離婚成立のあと「元気でやれよ」と言って別れる人、さまざまな別れがある。

役目を終えた静かな建物のたたずまいのように、過去を美しく遺していくことは難しい。精いっぱい生きてきても、ふりかえる過去は時として苦々しい。

ふと中立人待合室のドアがあいて、五歳くらいの坊やが入ってきた。椅子にかけていた三〇歳くらいの男をみつけて「パパ」と走りよる。男の顔が急にやさしくなって、坊やを抱き上げようとした。

そのとき、中立人待合室のドアが忙しくあけられ、飛び込んできた女が、物も言わずに坊やを小脇にかかえ、あっという間に、再びドアの向こうに消えた。

一枚の板で仕切られた二つの待合室の距離は遠いのである。


（月刊「なごや」一九八七・二）

講演◉「まだまだ男性社会の中で、女性は哀しくも愛しい」

「女の人生を法律で切った読み物を」と言われ、九四年二月から約一年、中日新聞に一週間に一度、「哀愛」と題し一〇〇〇字ドラマを連載しました。二十年も弁護士生活をしていると、いろいろな事件の断面が頭に浮かび、人生を見つめるようになりました。その中で実感したことは、男の人生も大変ですが、女は周囲の影響を受けやすいということです。

女性の相談

芸術的才能を持ちながらも会社をやめて結婚し、夫の転勤で各地を転々。夫の父親が死亡して、長男だからと跡を継いだがうまくいかず倒産。子どもを連れ離婚、その子どもが成人したころ、実家の親が倒れ面倒を見ることになり、家を売ってケア付きマンションを買いたいと思っても、家は唯一の財産であるため別居している兄が反対する。

女の一生を見るとき、このような仕事、結婚、離婚、子育て、扶養、老後、介護、財産の問題がついて回ります。その時々に解決することはむずかしく、法律だけで割り切れる問題ではないのです。

男性の相談

定年になって、これからは妻と二人で時間的にも気持ちの上でも、ゆとりのある生活をしたいと思っていた矢先、妻から離婚話を出される。夫はびっくりするが、妻は十年前から考え準備していたのです。夫は何も気付かず、妻の気持ちを察することも出来ないのが問題です。夫は家族のために働き、悪いこともしていないのになぜかと、うろたえるばかりです。

会話らしい会話もない日々のズレは、最初は小さいが、だんだん大きくなり考える世界が違っていくものです。定年を過ぎたぬれ落ち葉の夫と、この先長い人生を過ごしたくない、もっと違う人生があるのではと思ってしまう。夫の方は会話がなくても心は通じていると思っていて、夫婦のズレができてしまいます。成田離婚や熟年離婚にしても、別の所に必ずしも青い鳥はいません。永い間培ってきた人生を大切にして、次のステップを踏むことの方が女の幸せだと思います。

財産問題

財産は老後の問題で一番大切です。夫が亡くなった後、財産をどうするか。遺産分割協議をするわけですが、もめることが多く、兄弟はよくても、それぞれに連れそう相手がいるので簡単に行きません。そこで遺言書があればはっきりするわけです。法定相続は夫が死亡したとき、配偶者が二分の一、残りを子どもが平等に分ける。子どもが無いときは、配偶者三分の二、親三分の一。親が無いとき配偶者四分の三、兄弟四分の一となっています。

自筆証書は本人である確認が必要のため、専門家に見てもらうことが必要です。公正証書は見つかり次第効力が発生しますが、作成のとき二人の証人が必要です。特に財産がたくさんある人、複雑な身分関係がある人、相続人に変わり者がいる人は、いずれかの遺言書を作っておくと良いでしょう。

早すぎる相続も老後を狂わせます。法律は非情なものです。その点をどう補っていくかです。基本的には男女は法のもとで平等ですが、違う生き物だと思います。まだまだ男性社会の中で女性は哀しくも愛しい。夫と共に築いたものを大事にしていくことが、結局は幸せなのです。

（「くらしの友」一九九七・六）

相談 ◉「哀愛」①

「こんな場合、慰謝料の相場はどのくらいなんですか？」と、青年はまだ幼さの残る顔で弁護士に尋ねた。「うーん、慰謝料の相場ね……」と煮え切らない弁護士に、「先生！ いったい僕は彼女にいくら払えば離婚できるのですか？」と、ますます答えにくい質問を浴びせてくる。区役所の無料法律相談の部屋で、今日はキャリア二十五年の啓子弁護士が攻め込まれている。

彼と彼女は共に二十一歳、見合い結婚をして一年。ある晩、彼は会社の宴会で飲み過ぎ、同僚の女性に車で送ってもらった。それをマンションの窓から見ていた彼女に疑いをかけられた。その女性と彼は、結婚前から気が合っていたらしく、少々問題がありそうだ。

それ以後、彼女は何かにつけてその女性のことを持ち出しては嫌みを言い、時にはヒステリー状態になったり、口をきかなかったりで、彼はそんな彼女にすっかり愛想がつきたというのだ。そして「もう一緒にやっていけないので離婚したい」と彼女に言ったところ、彼女は半狂乱になり、「離婚はいやだ。離婚するなら、慰謝料二千万円支払ってもらう」とわめいているという。

「その女性との関係は全くの濡れ衣なの?」と啓子が質問を返す。「全くの濡れ衣です」と彼の答えは明快だ。「彼女の誤解は解けたの?」「と思います」と青年は答える。「それなら、何とか彼女と一緒にやっていけないの?」と聞くと、「もう駄目です。彼女のいやなところを全部見てしまったんです。離婚しかありません」と青年には迷いがない。

さて……と啓子は根気のいる説明を覚悟する。あなたの嫌疑が本当に濡れ衣なら、あなたは悪いことをしたわけではないから、本来は慰謝料を支払う必要はないし、結婚して一年では分与する財産もないだろう。むしろ、あらぬ疑いをかけて、結婚生活を壊したのは彼女の方というべきだ。だが、嫉妬した彼女の態度が少々悪かったとはいえ、民法七七〇条一項五号の「婚姻を継続し難い重大な理由」に該《あ》たるとも思えない。だから、彼女が絶対に離婚に応じない場合は、離婚そのものがなかなか難しいと、まず離婚のしくみを説明する。

「いくら何でも二千万円は相場を越えてますよね。ぼくの親は、五百万円くらいなら出してもいいから、早く別れなさいと言ってます。五百万円でも出しすぎでしょうか」と、青年は結論を急いで畳みかけてくる。

啓子は説明を続ける。法律的には慰謝料を支払う義務はなくても、離婚を拒否している相手を説得するために、解決金としてお金を支払うことはよくある。そのお金は法律的でないので、いくら支払えばいいと言えるものではないけれど、離婚によるダメージは一般的に女性の方が大きいから、彼女が自立するための手助けの意味で、ある程度のお金を支払わないと彼女はなかなか離婚に応じないかもしれないね、と説明する。

「慰謝料に相場はないんですか?」と、なお不満気の青年を送り出しながら、啓子は、増えつつある、こういう形の破綻と離婚に対して、今後、法律はどう対処していくべきなのだろうかと、改正が検討されている民法の離婚の規定を思った。

海◉「哀愛」②

目を覚ますと波の音がした。章子は枕もとの窓を開けた。さっと風が入り、風が汐の匂いを運んできた。窓の下には夜明けの海がひろがっていた。章子はこれこそ人生の最後に自分が求めていた暮らしだと、胸が高鳴るのを覚えた。

章子は二年前、四十年あまり連れ添った夫に先立たれ、都会のマンションに独り残された。

商社づとめの息子はもう何年も海外ぐらしで、娘は東京に嫁いでいる。夫が亡くなったとき、もうマンションのローンは終わっていたから、章子は贅沢《ぜいたく》さえ望まなければ、自分ひとりの暮らしぐらいは、年金でやっていけそうだった。

一年が過ぎた。しかし、都会の一人暮らしはしみじみ寂しいものだった。人々が賑《にぎ》やかに、忙し気に生きている都会では、独りでいることや暇であることはあまり似合わないようだ。独りということはそのまま孤独を意味しないのだが、どうも都会での独りは、人間を孤独にするものらしい。

デパートの食品売り場には、出来合いの料理が所せましと並んでいる。自分のためだけに食べ物を買おうとすると、つい出来合いの品に手が出てしまう。そして必ず、買い求める量の少なさに惨めな思いをする。そして、高速道路の高架しか見えない窓に向き合って、それを一人で食べると、もうあとはすることがない。散歩に出ても、見えるものは自動車とビルばかり。趣味の講座や教室にも通ってみたが、どれも章子に合わなかった。都会は、親しい人が賑やかに群がり、お金も潤沢で、やらなければならない仕事が沢山あって、アクティブに暮らしてこそ楽しいところなのだということがよくわかった。

海の近くで育った章子は、何よりも海が好きだった。寂しいときはひたすら海が恋しかった。

家の近くの少し小高い丘が松林になっていて、その丘を駆け上がると一気に目の前に海がひろがっていた。波打ちぎわまで白い砂浜がゆるやかな下り坂になっていて、子どもたちは先を争って裸足で砂浜をかけ下りたものだ。だが、もう郷里のその海はない。今その場所にあるのは、赤と白のダンダラの煙突とコンクリートの堤防と油の浮いた黒い海だ。昭和三十年代から四十年代にかけて、日本は高度経済成長と引き換えに多くのものを失ったが、章子の大切な郷里の海もその一つだった。

ひと頃、章子は「環境権」という言葉に強く心を引かれていた。だが、裁判所は、環境権を法的な権利として認めず、最近は「環境権」という言葉もあまり聞かれなくなった。だが、あの白い砂浜と青い海は一体だれのものだったのだろう。そこで生まれ育った何代もの人々が、自分たちのものとしてこよなく愛してきたものなのに、それらを壊すものに対して何の権利も主張できないとは、なんと情けないのだろうと章子は思った。

章子は、思い切って都心のマンションを売った。そしてそのお金で、海辺に小さな土地を買い、小さな家を造り、引っ越したばかりだ。あとは年金だけの暮らしであるが、海ある限り、章子はもう孤独とはサヨナラだ。海に陽が昇る。そろそろ漁港に船が帰ってくる。もうじき市が始まる。アジを何尾か買ってタタキにし、干物も作ろう。

命◉「哀愛」③

三月のある日、啓子に結婚式の招待状が届いた。

差出人に心あたりがなく、啓子は一瞬戸惑ったが、よく見ると新婦の母の添え書きがあり、「あのときの娘が成人し、結婚することになりました。晴れ姿をみてやっていただきたく」と書かれていた。思い起こせば、新婦の母の悦子は二十数年前、啓子が弁護士登録をしたばかりの頃の依頼人であった。

その頃、悦子はこの地方では名のある会社の経営者の跡取り息子と結婚を誓いあった仲であった。ところが相手の両親の強い反対があり、家庭裁判所に調停が出されていた。すでに悦子の胎内には生命が宿っており、彼女は彼との結婚を強く望んでいた。

弁護士の啓子は、何とか彼女の婚約を履行させようと思い、相手の両親とも話し合いを重ねたが、途中で相手の男性の心変わりもあり、悦子の結婚への夢は挫折し、啓子の仕事も成功しなかった。数回の調停を経て、結局悦子が手にすることになったのは、子どもの認知と養育費の支払い約束、そしてかなりの額の慰謝料であった。

しかし、家庭裁判所で調停が成立する予定の日の直前、悦子は男と両親に遺書を残し、家人に行方を告げずに家を出てしまった。大騒ぎの末、探しあてた悦子は瀬戸内海の小豆島にいた。すぐに両親が小豆島へ飛んだが、悦子は彼と旅をした思い出のある島で死にたいと言って、どうしても小豆島を離れようとしなかった。

困り果てた両親に頼まれ、啓子は春浅い小豆島へ彼女を迎えに行くはめになった。啓子は悦子より幾つか年上ではあるが、それほど大きな年齢差はなく、まだ弁護士としての経験も浅い啓子は、どうすれば彼女を説得できるか見当がつかなかった。思案に暮れた啓子は、ふと、弁護士登録をした年に生まれた自分の娘を一緒に連れて行くことを思いついた。そのとき啓子の子どもは一歳半だった。小豆島には早くも菜の花が一面に咲いていた。小さな旅館のかび臭い布団にくるまって、悦子と啓子と小さな娘は二晩枕を並べて寝た。啓子は死ぬのなら子どもを産んでからにしなさいと彼女に言った。そして菜の花畑ではしゃぎまわる啓子の小さな娘は、言葉以上の説得をした。

ともあれ、啓子は悦子を小豆島から連れ戻すことに成功した。彼女の婚約を相手に履行させることはできなかったが、最悪の事態は回避された。その後、悦子に無事女の子が生まれたこと、しばらくして別の男性と結婚して何人かの子どもにも恵まれ、幸せに暮らしていることなど、ときどき便りがあった。そして今度の便りは、あのとき悦子の胎内で小豆島から生還してきた子が結婚するという、うれしい知らせであった。あの時、菜の花畑を走り回っていた啓子の娘も近く結婚する。

弁護士にとって、事件は一つ一つ終わっていき、ファイルされダンボールに整理されて終わっていくが、人の営みは終わることなく流れていく。生きていくことは、辛いことや耐え難いこと日々いろいろあるが、時はすべてを越えていくことに思いを致す春であった。

（『哀愛』中日新聞本社・一九九五）

手づくり署名運動あとさき

新幹線列車の中で

七月七日、加藤良夫と東京へ行った。七月三一日予定の予防接種の事件で、証人にお願いしてあるインフルエンザワクチンの権威を東邦大学医学部へ訪ねて、尋問準備をするためであった。いつも思うことだが、学者というのは大変良心的で几帳面でいらして、われわれ弁護士が理屈で考えて、せっかちに結論を求める質問を発しても、決してスカッとした答えをして下さらない。なかでも人一倍せっかちに物事を割切りたい私などは、かなり突込んで、求めるお答えを迫るのであるが、思うようにいかず、その日もすっかりくたびれてしまった。帰りの新幹線に乗ったのは夜七時半、でもまずまずこれで十時前に家に帰れる、息子が寝る前に帰れれば、今日の野球の練習試合の話も聞けるし……と思いながら、東京の灯りをあとにした。加藤良夫も子どもが入院しているので、帰途を急いでいた。

ところが三〇分も経ったであろうか、新横浜を少し過ぎたあたりで、新幹線は静かに止まってしまった。信号待ちにしては何か様子が変だと思ったとき、車内アナウンスがあった。

「ただ今の連絡によりますと、五分程前に、熱海と小田原の間に震度５の地震がありました。安全の確認がなされるまで、列車は停止いたします。また新しい連絡がありましたらその都度お知らせします」

ああこれでもう、今夜は駄目だと観念した。

加藤良夫もすっかり諦めたようで、車内販売のお弁当など買い込んで長期戦の構えをした。それから、往きの車内でも話題になった韓国情勢についての話になった。新聞は数日前から連日のように、金大中氏をめぐる韓国の異常な事態を報じていた。何やかや毎日せわしく、落ち着かない生活をしている私は、あまり時間をかけて新聞を読まないのであるが、どういうわけか自由の弾圧や民主主義の危機に関する報道は、いつも気がかりだった。

考えてみれば、私の育った時代、昭和二一年、終戦の翌年に小学校に入学した私たちの世代は、三度の食事には事欠いても自由と民主主義はたっぷりあった。暗い時代の反動のように、戦後数年間、自由と民主主義は人の心の灯りであった。自由と民主主義があれば、日本の未来は保障されているといった底抜けに明るい楽天主義でもあった。

十分にその意味を理解していない小学生までも、「自由」や「民主主義」を口にした。それは、たとえようもなく素晴しいもの、大切なものとして私の心に映った。

そして新憲法、その前文の言葉は、私を酔わせるに十分だった。とくに第二段の平和主義の宣言のくだり、「日本国民は、恒久の平和を念願し、人間相互の関係を支配する崇高な理想を深く自覚するのであって、平和を愛する諸国民の公正と信義に信頼して、われらの安全と生存を保持しようと決意した」という美しい言葉は、私の中で忘れられないものとなった。その後の憲法第九条のおかしな解釈、再軍備、日米安保条約、軍備の増強などは、新憲法制定の頃、前文に心打たれた私にとって、いかなる理由があろうとも許し難いことであった。

車内アナウンスは、「先行列車が、時速三〇キロの安全確認運転をして三島駅まで運行しています。異常がなければ、この列車はそのあとで時速七〇キロで走行します」と言った。

車内の話は続いて、「金大中に対する迫害は、韓国の内政問題ではなく、人権問題である。地球上から自由と民主主義の灯が一つ消えることになる。金大中がたとえ何をやったにせよ、弁護人との接見も許されず、軍法会議で問答無用に処罰するというのは、現代の国際レベルでのデュー・プロセスに反するではないか。在野法曹としての弁護士が、たとえよその国のことであっても、何もしないで看過していいものだろうか。金大中を救えるのは、もはや国際世論の力しかないのではないか」。これは、きわめて素朴な感覚であった。

「弁護士はわりに良い感覚を持っているのだが、行動が伴わない。行動のない思想は、いざという時役に立たんじゃないか」と、加藤良夫はヒゲづらに目をギョロつかせて言った。

そしてとうとう止まったままの新幹線の中で、「金大中氏に人権と生命の保障を！」という呼びかけ文の起案をすることになった。半分くらい書いたとき、新幹線はやっとそろそろと動き出した。時計は十時をまわっていた。書きながらもいろいろ議論が入る。どちらもなかなか譲らないので、時間がかかる。七割くらいまとまったところで、急に列車はスピードをあげ始めた。それがとてつもなく速いのである。字も書けなくなってしまったし、思考もまとまらなくなった。

明日は火曜日で、大学へ講義を聴きに行く日だから、今夜中にまとめてしまわないとタイプが明後日になる……。

「事態は緊急を要する」と加藤良夫がうるさくいうので、何とか車中で書き上げたいと思ったが、列車は二一〇キロでひた走り、呼びかけ文は未完成のまま、定刻より一時間五十六分おくれで、深夜十一時二十六分名古屋駅にかけ込んだ。

すっかり疲れてしまったし腹立たしくなって、改札口で「料金払い戻しでしょ」と御機嫌悪く言ったのだが、駅員は、「払戻しは二時間おくれからです」と、これまた不機嫌にしかし平然と言った。なるほど最後に急いだはずだ。それにしても一時間五十六分のおくれとは、なかなか運転手もがんばったのだなあ、と変に感心したりした。今日中に帰れたのは運がよかったと言うべきか。しかし、その夜、呼びかけ文が完成したのは深夜の二時であった。自由も民主主義も、かなり疲れる話ではあった。

呼びかけ人五五人

タイプが出来上がったのは、翌日のお昼だった。「さすが野間先生、早い」と加藤良夫が感心したが、昨日「今夜中に書き上げよ」とうるさく言ったのは誰だ！とにかく昨日決めたように両方で呼びかけ人の依頼を始めた。

最初に断わられたのでは情けないから、まず内河先生のところへ持っていった。「野間さんが何かを始めると、また僕が忙しくなるなあ」と彼は嘆いたが、そこでとてもいい話を聞いた。「山本正男先生が、この間新幹線弁護団会議のあとで、『金大中の問題、放っておいていいのかなあ、日弁連ではとり上げないのだろうか』と言ってたよ。電話してごらん」ということだった。同じように、この問題について気掛りに思っている人が沢山いるのだと思うと、とても心強かった。

夕方、加藤良夫が電話をかけてきた。

「たいていみんなＯＫだよ。だけど山本秀師先生は冷たいことを言ったよ。『だいたい、呼びかけ人に名前を沢山連ねようっていうやり方が気に入らん。思いつきで署名なんか集めたって、気休め程度で役に立たたん。おまえらどこまで本気でやる気か』と言っていたよ」。そこで私は、「山本先生らしいことを言うわね。インテリの一番悪いくせよ。無視していいわ。山本先生、署名もしてくれるし、呼びかけ人にもなってくれるに決まっているから」と言って、電話を切った。

そのあと二日の間に、呼びかけ人はどんどん増えた。北村先生、森先生も積極的な御返事だった。伊藤淳吉先生、原田先生も快く引き受けて下さった。加藤良夫は、「まず僕が電話をかけると、皆がドキッとして身がまえる。そこで野間先生の名前を出すと反応がずっと良くなる。先生信頼されてるなあ」と言って、私をおだてた。とにかく、問題が問題だけにお願いして断わられることはなかった。しかし、「呼びかけ文」には、いろいろの意見がついた。

まず塚田さんから、政府に対する要請と署名の呼びかけとがごっちゃになっている、との指摘があった。鈴木秀幸さんは、「迫害されているのは、金大中だけじゃないよ。歴史的にみれば、金大中だけを問題にするのはおかしいよ。抹殺されようとしているのは、韓国の民主勢力なんだから」と言った。なるほどと思い、「金大中氏ら三十七名」の問題に修正した。

一番痛烈だったのは、郷先生の電話だった。「あれでは、金大中は犯罪人という前提で、手続だけ問題にしとるだけじゃないか。韓国はめちゃめちゃだぞ。のまさん、『世界』を読んどるか。『世界』だけはちゃんと読まないかん。あんな子どもの寝言みたいなことで、人なんか救えんですよ！」久し振りに、郷先生の威勢のいいお叱りを受けてすっかり嬉しくなって、「考えてみます」と言って電話を切った。さて、「呼びかけ文」を読み返してみると、確かに手続だけを問題にしているように読める。単に、「弁護士と接見させないからけしからん」「非公開で裁判するのはいかん」と言っているようでもある。

問題はもっと本質的なものであるのに、手続違反だけが前面に出すぎている。

私自身は、金大中氏らの容疑はデッチあげで、裁判の名を借りた暗殺である、と思っている。しかし、それをストレートに呼びかけ文に書いたら、多くの賛同署名は得られるだろうか。「一体事実はどうなのか、韓国の法体制や現状はどうなっているのか」と、事実を愛する弁護士のこと、必ずそのあたりで壁につきあたるだろう。私もこれまで特に韓国情勢を勉強したわけでないし、事実は隠されていて、真実を知ることは容易でない。真実がわからないところに問題がある、ともいえる。

しかも、事態は緊急を要する。勉強してからやりましょう、と言っていられないのだ。人権侵害という一番はっきりしているところ、そして法律家として最もものを言いやすい点を捉えて行動するしかないとも思う。だけど、これは何の役にも立たないのかもしれないと思うと、なにやら急に元気がなくなってくる。

その夜（七月九日）公害委員会のアセスメント部会があった。そこで集まった人達の意見をきいてみた。冨島先生は、「やっていることの効果を考えたら、何もやれないよ。こういうことは、まずやれることから始めるしかない」と言われた。しかし、そこでの多くの意見は、まず集会をもって、そこで呼びかけ文も含めて何をすべきか検討したらどうか、ということであり、「その方がいいのかな」と、またしても迷いながら帰ってきた。

翌朝（七月一〇日）、加藤良夫と相談した。彼は、「集会を開いてそこで呼びかけ文がまとまれば、そりゃ理想だよ。だけど、実際は無理だよ。まず、日程が一週間先になる。そこでさまざまなニュアンスの異なる意見が出てきたら、まずまとまらんな。こういうものは、まず動こうと思った人間が、出来るだけまわりの意見をいれながら、自分の判断で書き上げて示していくしかないよ」と強気であった。「それもそうね。それしかないかもしれないわね」と言ったが、やはりまだ昨日の郷先生の電話が気にかかっていた。

野間法律事務所にも少しは事件もあるので、金大中ばかりやっているわけにはいかない。昨日は、呼びかけ人依頼で午後をつぶし、電話が話し中ばかりだと言って、依頼者から苦情がきた。しかし、ぐずぐずしている時間はない。来週にのばせる仕事は、みんな来週にのばしてしまった。今年愛大法学部を卒業した事務員のユカリが、「先生忙しいのに、また自分で忙しくしちゃった」と心配しながら、よく手伝ってくれた。

弁護士は、昼間ほとんどつかまらない、よくもまあこう出歩いているものだ！深夜や早朝自宅へ電話するのは、気がすすまなかったけれど、それしかないので夜うち朝がけをやった。

十日の朝も電話で時間をとられ、十時ぎりぎり家庭裁判所にかけつけた。調停を終わって帰ろうとしたところを、郷先生に「のまさんのまさん」と、とても大きい声で呼びとめられた。「昨日のあれ、まああの程度でもやむを得んから、早い方がいいかもしれんなあ。要は、けしからんという意思表示を出して、早く政府に働きかけた方がいいな。前半はよう書けとったよ。後半をもうちょっと工夫すればいいしな。とにかく、まああれでいこう。勿論、僕も呼びかけ人になるよ」ということであった。

その夜、呼びかけ文の最後の修正をした。皆の意見があって、とても良くなった。こういう時のきびしい意見や指摘は本当に嬉しかった。よい仲間が沢山いるという確かな手ごたえに疲れを忘れた。

「金大中氏らに人権と生命の保障を!!韓国の異常事態に対し、政府が正しい抗議の措置をとるよう要請する」という呼びかけ文がやっと完成した。

感激屋の加藤良夫も、「名古屋弁護士会はいいな、こういうことがやれるもん」と言って感激していた。

翌十一日、午前十時に呼びかけ人を確定した。五十五人だった。呼びかけ人にお願いしたい方はもっともっと多かったのだが、時間がないこと、連絡のとれなかったこと、あまり沢山になると印刷がもう一枚増えることなどの理由で打ち切った。連絡がなかったぞといって、あとでお叱りを受けたこともあった。加藤良夫との分担の手ちがいで、お願い出来なかった方もあった。

ともあれ、あとはマス刷りと配布の作業だ。午前中タイプ、午後ファックスして輪転機にかける。会長選挙の時の経験もあってか、加藤良夫は手慣れたものだ。私も大学の頃、勤評、警職法、六〇年安保と学生運動の昂揚期にあって、ずい分ビラ作りもやった。あの頃は、夜遅くまで原紙を切り、朝早く自治会室で、手足を真黒にして一枚一枚手で刷ったものだ。いま、ファックスと輪転機は、一時間くらいで三枚つづりの六〇〇部を刷り上げた。弁護士会の職員も力を貸してくれた。

あとは、三枚をホチキスで止めて、ボックスに入れるだけだ。そんなこと簡単よと思っていたら、とんでもなかった。これがまた、実に時間のかかる疲れる作業なのだ。しかしここにもよい仲間が沢山いた。成田、長縄、名倉、初鹿野、小島、岩本その他若い先生達数名が、ものすごい勢いで片付けてくれた。一時間足らずで全部済んで、呼びかけ文は午後四時には無事会員全員のボックスに納まった。岡崎支部は天野さんに、豊橋支部は清水さんにまとめて送った。

この署名運動が、効果があるのか役に立つのか、今は考えないことにしよう。

黙って看過せない事態に対しては、声をあげるしかない。黙っていることは、多くの場合加害者にくみすることになるからだ。

署名はボックスへ

賛同署名は、月曜日（七月一四日）から集まり出した。お昼頃、私のボックスには十数通の署名が入った。きっと土曜日カ月曜日、ボックスの中の呼びかけ文を手にして、すぐ署名して下さったにちがいない。

夕方、病床の伊藤泰方先生から電話があった。「野間さん、御苦労さんだね。僕も元気だったらどんなお手伝いでもするのだが、何も出来なくて申し訳ない」と久し振りの声はだいい分元気そうだった。

この週に入ると、各地での動きが活発になった。あちこちで、署名運動や声明が出された。アムネスティもＥＣも動き出した。マスコミも、「名古屋弁護士会の対応は早かったですね」と好意的だった。いろいろな分野、それぞれの立場で抗議の声が上がればいい。名古屋弁護士会は手づくりの署名運動だ。

ところが、火曜、水曜になって意外なことが判ってきた。「先生、呼びかけ文読んでくれた？」「えっ、そんなもの入っとったかなあ」「そういえば何やらあったなあ」という調子である。あまり読まれていないのである。これは予想外のことであったが、よく考えてみると自分も同じであった。どうかすると、ボックスの書類は二、三日取りに行かない。取ってきても、机の上に山積みしておく。見出しだけ見てくずかごへ、ということもある。出欠の返事やアンケートも、すぐに出したためしはない。いたくわが身を反省した。しかし、今やそれでは困るのである。どうしてもみんなに読んでほしいし、署名もしてほしい。女は常に身勝手なのである。

水曜日（七月一六日）昼頃、加藤良夫がまた電話をかけてきた。「先生、どうも十分に読まれとらんなあ。いっぺん手わけして電話をかけようか。僕、同期の人達に電話してもらうよう、呼びかけ人に頼んでみる」。加藤良夫はなかなかよくやった。会長選挙で弁護士会を騒がせるだけが彼ではない。多少理屈は多いが、これもお互いさまだ。

この日午後、何人かの呼びかけ人は、同期の人たちに軒なみ電話をかけた。山本秀師先生も観念して、熱心に電話をかけてくれた。三時頃、原山恵子先生から電話があった。「同期の人達に電話したらね、あれは政治活動だっていう人がいるのよ。そりゃ、電話かけている者がすぐれて政治的人間だからかもしれないけどね。あの呼びかけ文読めばわかるじゃないの。あれが政治活動かどうか。あきれてしまう」と、彼女は怒っていた。私は、怒れる恵子先生が大好きだ。迫力がある。怒るべき時に怒らない人が多い中で、彼女は、一生懸命怒る。頼りになる人だ。

頼りになるといえば、こういう時頼りになるのは佐藤典子先生である。軽はずみで甘ったれの私なんかと違って、彼女の言動は、落ち着きがあって冷静であっていつも尊敬している。折から、動き始めた学者文化人グループの同じ趣旨の活動に伊藤公先生と共に参加して、弁護士会の活動を開かれたものにしてくれた。また、この署名運動の呼びかけ人としてとてもがんばって下さったのは、山田万里子先生。彼女は、まるで真夏のひまわりのように美しく、何をやっても有能だ。

女性弁護士は、いま名古屋弁護士会に二一名いる。かって私が登録したとき、大塚、大脇両先輩しかいなくて、辻巻淑子先生と私は、会員室で身の置きどころもなく、小さくなって日々を過ごしていた。誰も信じてくれない本当の話である。今はもう女性弁護士は、数も質もかなりの迫力だ。みんなよくやっている。結婚しても仕事を続ける。子どもが生まれても仕事をやめない。これは、名古屋弁護士会の女性弁護士の伝統なのである。グレちゃんこと二宮さんも、皆の期待どおり、ちゃんと戻ってきた。病気の子どもをかかえていても、明るくしゃんとしているのは伊藤道子さん。

十代、二十代のころ、すぐれた同性はライバルだった。しかし、三十代に入ると、もうライバル意識はすっかりなくなった。「よくやってくれる」と、もう拍手を送る気持ちばかりになった。そして、何かのとき、彼女たちは、まっ先に力になってくれる心強い仲間でもある。いま、大脇雅子先生は、世界婦人会議に出席するために、デンマーク等に行っている。呼びかけ文について、「趣旨賛同よ。あとは、あなたに任せるわ」と言って出掛けていった。きっと、大きな成果をあげて帰られるにちがいない。留守部隊もがんばらなければ……。

だい分話が脱線してしまったが、署名は、電話での呼びかけも効果あって、徐々に数を増した。美和先生の署名には、「カンパを出さなくていいですか」と書き添えられていたし、森山先生の署名には、「何でも手伝います」と書かれてあった。

しかし、他方ではいろいろ批判もあったようだ。なかには大変面白いものもあった。「あれは、共産党がやっているにちがいない。野間と加藤は共産党にオドラサレテイル！」また、こういう批判もあった。「自分はこの問題について、心を痛めている。しかし、署名しろしろと言われると抵抗がある。呼びかけ文がよく出来すぎていて、非の打ちどころのないのも気に障る。正義の押しつけみたいで面白くない」。世の中とはむずかしいものである。また、「野間とか加藤とかやっている奴が気にくわん」というのもあった。この段階では、呼びかけ人全員の協力体制がしっかり出来ていたし、もはや野間や加藤の呼びかけでは決してなかったのだが……。

署名を拒否された方の言葉一つ、二つ。「私の趣味でない」「よその国のことまでおれは面倒みれん」「私は署名はやりません！」自分の信念で署名をしない方は、それはそれでいいと思う。人にはいろいろな考え方があるのだから。しかし「趣旨は賛成だが……まあ考えさせてもらう」というのは、正直いってわからない。自分が言いたいことを言ってこそ、弁護士じゃないかと思うのは、私が単純なのだろうか。何度もおねがいに行ったけれど、祖父江先生を除いて、とうとう理事者室からは署名がもらえなかった。これもなぜだかわからないことだった。

やっぱり「やってる奴が悪い」ということだったのだろうか！

しかし、七月二五日現在署名は二一四の数に達した。ほぼ会員の四〇％だった。

さて、署名をどこへ？

署名がほぼ集約された土曜日（七月九日）、第一回の呼びかけ人集会をもった。急な招集だったにもかかわらず、青木俊二、伊藤貞利、内河恵一、加藤隆一郎、加藤良夫、佐藤典子、鈴木秀幸、田中清隆、戸田喬康、長縄薫、野間美喜子、花田啓一、山本秀師、山田幸彦、山田万里子の一五名の先生が集まった。誰かが「野間、加藤が二人でしょんぼりしているのじゃないかと思ってきたら、なかなか盛況じゃないか」と言ったほどだ。「野間さんが何かやっていると、頼りなくていかん。手伝ってやらんならん、という気がしてくる」と言って来てくれた人もいる。持つべきものは、良き友人である。さて、そこでいろいろの話が出た。

まず問題は、この署名をどこへ持っていけばいいか、ということだった。まさか、「ごめん下さい、ゼンコウさん」と首相官邸へ行くわけにもいかない。行き先も、外務省だ、法務省だ、いや総理府だろうといろいろ出た。どういうルートで持っていくか、これも問題だ。超党派の運動だから、あまり政党色が出るルートは困る。とうとう「世話人！最後までやれ、任せるで」ということになった。そういうことにはいたって不慣れな世話人としては、一向に見通しはなかったが、どうやら、署名提出の段取りは世話人二人がとりつけることに決まってしまった。

事務所へ帰って考えた。しかし、こういうことはいくら考えても判る話ではない。ふと思いついたのは、新幹線訴訟のとき、いろいろ協力してもらった毎日新聞の編集委員の本間さんのことだった。そうだ、彼に相談してみよう、いい知恵を貸してくれるかもしれない。電話をかけると、都合よく在宅していた。しばらく私の話を聞いたあと、本間さんは、即座に「総理大臣官邸に内閣官房長官がいる。官房長官に渡すのが一番いい。秘書官に直接、電話をかけて申し込んでごらん。弁護士さんたちの申し入れなら、会ってくれるんじゃないかなあ」と言った。

私が直接申し込んで、官房長官会ってくれるだろうか。そう早く事がうまく運ぶものだろうか。とにかく、そういうことにかけては不得手なのである。総理大臣官邸へ電話をかけるなんて初めてだし、気が重い。でも、こうなったら電話かけるより仕方がない。ユカリが電話番号を調べてくれた。深呼吸をして、ダイヤルを回した。「もしもし、首相官邸ですか。官房長官の秘書官をおねがいします」。覚悟はきまった。ＯＫと言うまで電話を切るまいぞ、と思った。しかし、実際はとてもそうはいかなかったのである。「組閣したばかりで、官房長官、多忙でございます。同じような申し入れは沢山ありますが、いずれもお断わりしております」。

「しかし、これは請願の権利でもありますし、どうしても官房長官におめにかかりたいのです」。こちらも必死だった。

「はい。請願でございますから、総理府の請願・陳情係の方へご提出下さい」どうやら「請願」はやぶへびだったようだ。とにかく丁重に断わられてしまった。

途方にくれて、仕方なくもう一度、本間さんに電話をかけた。

「それじゃ、僕の後輩で、宮房長官の秘書室担当の記者がいるから、そこへ電話をしてごらん。僕からも頼んであげる。何とかなるかもしれん」と、本間さんは親身になって考えてくれた。秘書官担当の加納記者は、とても親切だった。しかし、「官房長官との面会は、なかなかむずかしいですよ。やっぱり、国会議員を通さないと無理だと思います。一党一派に偏しないで、という趣旨ならば、市川房枝さんあたりに、直接電話して頼んでみたらどうです。どうしても駄目だったら、官房長官の秘書官になら面会できるように、段取りしましょう」と言って下さった。

新聞記者というものは、誰にでも平気で「直接電話する」もののようだ。弁護士も心臓が強いが、新聞記者の方がはるかに上だ。しかし、こうなったら言われた通りにする外ない。それで駄目なら、指図した人に戻れるというものだ。ユカリがまた市川房枝さんの電話番号を調べた。そして、市川房枝さんと話が出来たのは、翌日の昼頃だった。

テレビでよく聞く、あのしっかりした歯切れのいい声だ。いろいろ厄介な話が持ち込まれるだろうに、応対は親切であった。

「私が申し込むと、私がついていかなけりゃならんのですよ。官房長官の日程と私の日程と、あなた方の日程と、こりゃむずかしいわなあ。だけど問題が問題だし、なんとかしてあげたいし、どうしたものかな」

官房長官秘書官のていねいな冷たさとは正反対だ。

「日程はこちらで合わせます。官房長官と市川先生の御都合で決めて下さい」。それからしばらくして、私の事務所に電話が入った。

「八月一日午前十一時二〇分、官房長官との面会が出来るようになりました。十一時に国会議員会館の市川の部屋までおいで下さい。それまでに、面会者の氏名を知らせて下さい」というものだった。

よかった！これで二一四名の会員の署名を、直接内閣へ届けられる。世話人の役目が果たせる、と思うと嬉しかった。娘の映子がとんできて、「ママ、やったあ、よかったね」と、目を輝かせた。

そこへ六年生の息子が帰ってきた。「試合、どうだった？」私と映子が同時に聞いた。「勝ったよ。ぼくホームラン打ったあ」と、泥だらけの息子が言った。二年間、補欠で「声出し」をつとめ、今年六年生、晴れてレギュラー、キャッチャーで三番打者である。そして、今日初めての試合なのであった。お母さんとしては、せめて第一戦だけでも勝たせてやりたかったのだ。それなのに、ホームランとは、啓なかなかやるじゃないの。汗で塩のふいた野球帽を、ポンとたたいてやった。

翌日、中日新聞に「本塁打、野間」という小さな記事が出た。このところ、金大中の記事ばかり切り抜いていた母だったが、この日は、息子の小さな記事を切り抜いた。母にも、子にも、多忙な夏が始まろうとしていた。（七・二五記す）

（「名古屋弁護士会会報」第二三二号、一九八〇・七）

続・署名運動あとさき

　五月一七日以来身柄を拘束されていた金大中氏らが、光州事件の主謀者として内乱罪などの容疑で、軍法会議にかけられることになったということが新聞に大きく報道されたのは、七月四日のことであった。

　同時に、身柄拘束以来一切の面会が禁止され、家族との連絡さえも断たれていることや、拷問にかけられているらしいとか、きびしい戒厳令下で命がけで真実を追求しようとしている日本の報道陣を韓国政府は次々と国外へ追放し、ソウル支局を閉鎖させてしまったことなどが、毎日のように紙面にとりあげられていた。

　この問題が決して韓国の内政問題ではなく、普遍的な人権問題であること、われわれ自身の自由や民主主義に深くかかわる重大問題であることは、多くの者にとって同じ思いであった。しかし、それらの多くの者の同じ思いが一つのまとまった意思表示なり、行動になるためには、誰かが自分の時間を少しだけそのために使って最初の小さなきっかけをつくらなければならない。

弁護士という仕事は、とにかく忙しい。たとえ客観的に忙しくなくても、気持ちの上では常に忙しく、せわしく、落ち着かないのだ。やらなければならない仕事は、いくらやってもゼロにはならない。それは、売れっ子弁護士であっても、私のような細々弁護士であっても、質的には同じ多忙感なのだ。だから、弁護士にとって気持ちの上の問題が行動を伴いにくいことは、理解出来る。しかし、誰かがその宿命的な多忙感にうち勝って最初のきっかけをつくり、仲間の多くの気持ちを行動に結びつける道をつけなければ、弁護士は、日々法廷をかけめぐる沈黙の集団になってしまう。

きびしい言論統制と軍部の独裁という、韓国の異常事態に、戦前、戦中の日本を重ね合わせ、さらに、不幸にも将来の日本を三重映しに見る思いが私にはあった。

ともあれ、署名は二週間のうちに二一四筆集まり、いよいよ官房長官へそれを届ける東京行きの日になった。

朝

八月一日は、夏にはめずらしく涼しい曇り日だった。七時五五分発の新幹線十号車に、冨島、山田幸彦、鈴木秀幸の各先生と私の四人が乗る予定だった。

夏休みの名古屋駅は、子ども連れの乗客で賑わしく混雑していた。新幹線の出札所は長い列、うろうろしていると、冨島先生があらわれた。「間に合わないな、入場券で入ろう」と、そのままホームへかけ上った。ホームも人でいっぱいだ。やっと十号車のところへたどり着くと、めずらしくも鈴木秀幸先生、先にきている。昨日、「絶対遅れては駄目よ」と、くどくどしく言っておいた効果だろうか。それに、ちゃんと背広を着ている。このシーズン、テニスウェアしか着たことないのではないかと思われる彼にしては、今日は、まあ本当に上出来である。ところがもう一人、山田幸彦先生がなかなかあらわれない。実は、山田先生、その朝七時頃、「先生、何時に乗るんだったかナ」と、寝ぼけた電話をかけてきている。ここでも、「遅れないようにちゃんと乗ってよ」と言ってある。今日野球の試合のある息子には、朝出掛けに、「遅れないように九時には家を出るのよ」と言ってきた。本当に、世話のやける男どもである。

列車が入ってきても、とうとう山田先生の姿は見えなかった。しかし、東京での約束は十一時だから、遅らせることは出来ない。駆け込みということもあるから、とにかく乗るしかない。案の上、動きはじめて数分後、山田幸彦先生、ゆうゆう車内を歩いて十号車にあらわれた。シャープで几帳面だが、こういうところが持ち味でもある山田先生だ。

何はともあれ、「お早うございます」と四人揃って東京へ向った。

私の鞄の中には、弁護士会の次長に書いてもらった墨の色も黒々とした達筆の「要望書　名古屋弁護士会有志」という表紙のついた、五センチあまりの厚みになった二一四筆の署名があった。最後の数日間、北村先生が、暑い日ざしの中を一軒一軒事務所を訪ねて集めて下さった貴重な署名も何筆か入っていた。年を重ねても、なお人権感覚鋭く、物事の本質を見抜く力をもち、そして、自分のためでないことにも時間を使い、汗を流せる弁護士でありたいと、私は感動したのであった。

首相官邸へ

東京駅へは、予定どおり一〇時に着いた。この間のように新幹線はあてにならないので一時間の余裕をみたが、今朝は正確だった。

冨島先生は、まず日弁連の公害委員会へ出席しなければならないのでそちらへ行かれ、あとの三人は、喫茶店で一休みして「クリームみつ豆」を食べた。鞄に入っている金大中氏ら救出のための要請書と、これから出掛ける首相官邸と「みつ豆」とはいささか面白い取り合わせであるが、そのあたりが私にはとても気に入っている。きびしい状況や、むずかしい問題を扱う時こそ、「みつ豆」が良いのだ。むずかしいことを肩をいからせてやるのでは、とても大変で息切れがする。私など平凡な人間には、とても続けられない。きびしいことは、出来るだけやさしい顔で言い、むずかしい事態は、肩の力を抜いて切り抜ける。弱い人間の処世術のようなものかもしれない。とにかく、同行の男性は、東京駅で「ほうれん草」ならぬ「みつ豆」を付き合わされた。

思えば、東京行きメンバーの確定も困難だったのだ。

市川房枝参議院議員と、宮沢官房長官の都合で日時を決定してもらい、われわれがそれに合わせて、行ける者が東京へ行くということにしたのだが、さて、八月一日午前十一時という時間、しかも決定したのが五日前ということでは、「行ける者」が容易に見つかるはずはなかった。第一、電話をかけてもかけても、事務所に先生不在なのである。それも、「三十日まで帰ってきません」「三十一日まで出張です」何が出張なものか!あてにしていた先生方は、どうやらみんな山の上のようなのだ。

冨島先生が、日弁連の公害委員会の会議中、しばし委員長席を不在にして、首相官邸へ駆けつけて下さることになって本当にやれやれして嬉しかった。世話人のくせに加藤良夫はどうしても都合がつかないようで、私は怒っていた。

山田、鈴木両先生は、事の重大性を十分認識してか、日程をやりくりしてくれた。でも本当のところは、私が必死に頼むので、断り切れなかったらしい。

　東京駅から、鈴木秀幸さんは日弁連へ冨島先生を迎えにいき、山田さんと私は参議院会館の市川先生のところへ向かった。参議院会館の入口は、面会や陳情の人たちでごった返していた。十一時五分前だった。受付をして市川先生に面会を求め、部屋に電話をしてもらったが、電話に出ない。おかしいなあ、十一時に部屋に来るようにとのことだったのに……と、にわかに心配になる。私は案外抜けている女で、ときどきとんでもない手違いをやる。八月一日午前十一時に間違いなかったかしら、場所はここで良かったかしら……あれこれ考えると、何やらすべてが不確かになってくる。ところが驚いたことに、入口の階段の人ごみの中、市川先生がこちらを向いて、人待ち顔で立っていらっしゃるではないか。あわてて近づくと、一面識もないのに市川先生、にっこりして、「遅かったね。どうしたのかと思って心配してたのよ。面会申込んで手ちがいで行かないなんてことになると、次からの約束が出来なくなるから困るのよ。あまよかった。さあ、行きましょう。いま、車呼ぶからね」と、あの独特の声でとても親しく声をかけて下さったのだ。

　十一時の約束で十一時に着くというのは、これは弁護士の感覚だ。十一時の約束の人が十時半に来ると、弁護士は困って嫌な顔をする。私の事務所などとても狭いので、十五分も早く来られると、前の打合せが終わってないし、待っていただく場所もなく、「約束は十一時だったでしょ」などと言ってしまう。しかし、これは非常識なのである。一一時の約束でしかもこちらからお願いしている話であるなら、もう少し早目に着くべきだったのだ。しかし、市川先生は、紺のスーツに白ブラウスで、堂々として、そして、気さくで、親し気であった。

テレビでみると、少しがんこなお年寄り風にみえるのであったが、ずっとずっとやさしい眼で、人なつっこい笑顔の方だった。動作はしゃんとして、言葉はスカッと切れて的確だった。

首相官邸に着くまで、山田さんと私は署名の経過や金大中氏らの裁判についていろいろ話をした。しかし、車はすぐに首相官邸に着いてしまった。一一時一〇分だった。意外に古ぼけて、あまりきれいでない建物だ。玄関わきの応接椅子で、しばらく待つ。一一時一五分に首相官邸で再会という冨島、鈴木組は、まだ到着しない。

「今日は、私は案内役だから、あなたたち、何でも官房長官に言いたいことを言いなさいよ」と、市川先生にポンと背中をたたかれ、私など、自分の不勉強をここに至ってにわかに悔いた。自分は、感性だけで行動をしてきて、日韓問題についても十分な理解はない。早く冨島先生来てくれないかな、とそればかり考えていた。仲間のなかでは強がりで、「強気の野間先生」だが、やっぱりどうやら私は内弁慶なのだ。これは荷が重すぎたかもしれないなどと思ってみたが、もう遅い。官房長官面会の時間は迫っていた。

金大中氏らの軍法会議への起訴が今日発表されたとのことで、官邸は緊張した雰囲気に包まれていた。それにしても、冨島先生遅いなあ、もうじき面会の時間なのに……と、もう一度焦ったところへ、やれやれお二人の到着であった。

官房長官、要請書です

宮沢官房長官は、「やあやあ、まあどうぞどうぞ」という感じで、市川先生とわれわれ四名を応接室へ招じ入れた。市川先生とは親しいようで、「お久し振りです」「この度は、おめでとうございます」とのあいさつが交わされた。官房長官就任は、やはりとてもおめでたいことのようであった。

まず、一通り要請の趣旨を私から申し述べた。官房長官は、いちいちうなづきながら聞いていたが、趣旨説明が終わるとすぐ、「政府もこの問題については、大変苦慮しています。むしろ、私の方から、政府に何が出来るか、法律家の皆さんの御意見を聞きたいと思います」と、質問を返された。

さあ、いよいよ大変なことになった。対韓政策を見直せとか、経済援助を打ち切れとか、スローガン的なことを言っても意味はないし、官房長官相手に、具体的政策論議が出来るわけもない。

しかし、そこはさすがの冨島先生、「政府にお願い出来ることは、日韓関係においては、沢山あると思いますけれども、われわれ法律家として強調したいのは、刑事手続において人権を守る上での国際的な基準があるということで、確かインドのデリーで、各国の学者たちが、少くともこれだけは守られるべきであるという基準を、デリー宣言という形で出した、と記憶しています。そういう基準に明らかに反している事態に対しては、政府として、きちんとした抗議なり、申し入れなりが出来ると思いますし、これまでの金大中氏に関する政府のとってきたことの経過からも、その責任があると思います」と言った。「デリー宣言ですか？これは、各国のアグリーメントという形になっているのですか」「学者レベルでの宣言ではあったと思いますが……」というやりとりがあって、話の雰囲気は急に良くなり、私たちもようやく気持が落ちついた。

そこで、勢いを得て、山田先生「国連では、被拘禁者の取扱基準というのがありますが、これは、正式にアグリーメントになっていると思います。監獄法の改正についても、この基準が問題になっていますが、そういう国際的な基準に則ったデュー・プロセスというのは、いかなる場合にも守られるべきであるという点から、日本政府の態度をもっと明確に表明してほしいと思います」。これに対して、官房長官は、「外交の問題として、そこまで、日本が韓国の内政上の問題に口を出せるか、という基本的な問題もあります」と言った。

そこで次は鈴木先生の番です。「内政不干渉が、外交の鉄則だった時代もあります。しかし、今はもうそんな時代ではないと思います。好むと好まざるとにかかわらず、いろいろな場面で、互いに口を出し合っている時代であって、この問題に関してだけ、内政不干渉を理由に逃げることは許されないし、むしろ、人権という普遍的な問題については、積極的に口を出して行くべきだと思います」。これに関連して、官房長官が、「アジアには民主主義国家はほとんどないので、日本も大変です」と言われたところ、市川先生、すかさず、「日本も民主主義国とは言えませんからねえ」、官房長官「いやあ、参ったなあ。日本は民主主義国家だと思ってるんですがねえ……」と、話はなごやかに進んだ。

最後に官房長官は、「日本もこの事態に憂慮して、何かしなければならないと思っています。しかし、日本と韓国政府が敵対関係に立ってはまずいので、困っています」と言われた。これに対して、われわれは、「韓国の軍事政権は過渡期的なもので、従って、日本が今、韓国の民主勢力を支持することは、歴史的にみれば、韓国との間に強い友好関係を樹立することになるし、韓国民の日本に対する信頼を築くことになると思う」という意見を述べて、約二〇分の会談は終わった。官房長官は、終始われわれの要請を真摯に受けとめるという態度であったし、むしろ、国民、とくに法律家がこの問題についてどういう考えをもっているか、積極的に知りたいという感じに見受けられた。宮沢官房長官は、決してそりくりかえった政治家という印象ではなく、むしろ普通の人間に近い感じであった。しかし、ときどき目が鋭く光った。それはまぎれもない政治家の眼であった。

官房長官の部屋を出ると、毎日新聞の加納記者が待っていてくれた。記者室で簡単な報告をする。NHKも取材にきていた。あとで野呂先生が、「お昼のテレビニュースの最初に出たよ、僕は札幌で観たよ」と言っていた。官邸を出るとき加納記者が「野間さん、うまく行って良かったね」と言ってくれた。

そのあと

官邸の外に出ると、曇りではあったが夏の陽は明るかった。皆にホッとした空気が流れる。「せっかく名古屋から出て来られたのだから、お昼を一緒にしましょう」と、市川先生が誘って下さる。そしてその日、参議院議員会館の食堂で、お昼をすっかり御馳走になってしまった。

食事の間、一宮の出身であること、押切にあった師範学校に通っていたこと、東片端のあたりに一年くらい下宿していたこと、師範卒業後、一年間名古屋で教職についていたこと、そのあと、中日新聞に一年勤めたことなど、市川先生は、とてもなつかしそうに話された。雑談の中にも、ときどき鋭い政治批判があって、話はとても面白かった。

何の組織も持たないのに、トップで参議院議員に当選するのは、この測りしれない個人的な魅力の故だろうか。人間も、スジの通った生き方をして、自分のためだけでない日々を積み重ねていると、このお年になっても、かくも魅力的でいられるのだろうか。

別れる時、議員会館の入口で私たちを見送って下さり、しばらくしてもう一度振り返ると、やはり同じところに立ってまだこちらを見ていてにっこりされたその笑顔が、お昼にいただいた赤い西瓜のあざやかな色と共にこの夏、忘れられないものになった。

こうして、二一四筆の署名は、多くの人の協力があって、政府に届けることが出来た。しかし、金大中氏らの裁判は、これから始まる。そして、幸い金大中氏らが救出されたとしても、それで万々歳ではないのだ。この運動は、金大中氏らの事件を通して、われわれ自身の自由や民主主義をもう一度しっかりと見つめ直して、それを将来にわたって守り抜く、長い長い運動の一道程ではないのか、そして、そのために、これから何をすべきだろうか。何が出来るのだろうか。ファシズムと法という大きな問題に対して、法律家として、どういうアプローチがあるのだろうか。

署名を届けて、鞄の中は軽くなったけれど、この夏の一つの体験は、私の中にかえって重苦しいものを残していった。夏は、本当はもっと楽しい季節でなければならないのだ。もっときらきらとして明るいことに費やさなければ、惜しいではないか。

しかし、……原爆も敗戦も八月だった。夏が本当にきらきらと美しい季節であるためには、もっともっと多くの人の不断の努力が要るのかもしれない。

韓国の不幸な出来事を憂えてか、輝かない日の続く今年の冷夏であった。

（「名古屋弁護士会会報」第二三三号、一九八〇・八）

丸木位里・丸木俊「原爆の図展」を終えて

オープニングの朝は雪であった。街はまたたく間に白く、美術館の前に立った「原爆の図展」の広告塔の朱色が一層鮮やかに見える。事務局員の緊張と不安は、寒さと降りしきる雪に一層かきたてられ、忘れ難いその朝であった。

何もかも、ほとんどすべての事が、すべての者にとって初めての経験であった。組織もなく資力もない小さな市民グループが、自分たちの手で展覧会を開くということが、一体どういうことなのかを気付いた時、列車はすでに動き出して、ホームを離れてしまっていた。もう目的地まで行くしかない。それにしても何とトンネルばかりで向うの見えない手さぐりの行程だったことか。

あの行程を支えたエネルギーは何だったのだろう。それは原爆という民族の受けた歴史的試練の重さであり、置きかえれば、それによって贖《あがな》われた平和に対する市民の熱い想いであった。

この展覧会の主催団体である「核兵器禁止・軍縮と平和をめざす愛知県センター」は、一九八二年、ＳＳＤⅡ（国連軍縮特別総会）の国民署名運動に結集した人々が、ＳＳＤⅡが見るべき成果もなく終わったあと、「愛知で恒常的な平和運動を」と願って設立したものである。核兵器禁止・軍事費削減、平和憲法遵守を旗印とする個人加入の市民組織で、子どもでもおこづかいで会員になれるよう、会費は月額一〇〇円である。飯島宗一名大学長らを代表委員とする党派性のない組織であるが、会員数はいまだ五〇〇名弱のささやかなグループである。

原爆の図展は、この「愛知県センター」を核に、にわかづくりの賛同者の集まりである「見る会」がそれを支える形で、（形式的には「愛知県センター」と「見る会」が合同で事務局をつくるという形で）準備され、開催された。

準備に追われ始めて皆が一様に気づいたことは、自分たち自身の時間の無さであった。皆がそれぞれ仕事をもっており、仕事以外にいくつかのグループに属したり、責任あるテーマを抱えたりしている。家庭の事情もある。図展の準備のために自分は一体どれだけの時間を使えるのか、責任を持てるのか、多くの人がその点検を欠いたまま、事は動き出した。そして、準備のために、成功するために必要とされる時間とエネルギーは、予想を越えるものであった。

私たちは当初、この展覧会を、前年の夏休みの時期に、二週間の企画でやりたいと考えた。しかし市民がこの種の展覧会のために美術館を利用できる状況は、予想以上に厳しかった。市民のための文化的公共施設の貧困さは、経済大国日本とは思えない状況であった。寒い時期、子どもたちにとっては受験の時期、そして日曜日を一回しかとれない九日間が、やっと獲得した私たちの会期であった。だれかが、準備の段階で「赤字の構造」と言った日程であった。

予想通り、二万人を九日間で集めるというのは、厳しかった。そして何をどれだけやっても確かさの見えない不安感と焦りが常につきまとった。前売券を一枚でも多く世に出すこと…だがそれはどれだけ売れているか把めない。ポスターを張り、チラシを配り、マスコミを動員し、広域宣伝に力を入れる…だが、それが果してどれだけの観客動員につながるのか誰も測れない。準備の過程で入ってくるお金は少なく、出ていくお金は大きかった。

だがとにもかくにも、私たちは皆の力でその不安を乗り切った。組織としての力不足は、マスコミを始めとする外部の支援によって補われ助けられた。中日、朝日、毎日の各新聞社、NHK、県、市を始めとする後援団体、小中学校の校長会、愛労評と傘下の組合、教会関係、創価学会青年部など、枚挙できないほど多くの方から暖かい協力と支援を受けた。

組織内部でがんばって下さった方々にはもとより、これら多くのご支援に対し、いま改めて紙面を借りてお礼を申し上げたいと思う。

こうして原爆の図愛知展は、多くの人々に支えられて、オープニングの日を迎えた。そして原爆の図は、私たちの不安をよそに、連日、老若男女、幅広い観客の人垣に囲まれた。ピカの原画の前にも事務局の夢であった親子の列が出来た。入場したまま二時間たっても出てこない人、閉館間際に飛び込んでくるサラリーマンのお父さん。総入場者二万一四〇五人、うち子ども五一二八人であった。

展覧会の準備に関わった人たちには、今年は、お正月もスキーもなかったけれど、忘れ難い冬であった。オープニングの朝の雪は、冬に別れを告げるものであり、展覧会の毎日は暖かい好天にめぐまれた。そして展覧会が終わるともう春であった。

（一九八六）

「西側一員論」に反論する

日本国憲法が施行されてから、三十七年目の憲法記念日を迎える。憲法が国民の中に定着し、無事に年を重ねることは嬉しい。しかし一方、この数年日本の軍事化は、誰の目にも明らかな程に進みつつある。これを正当化する論理のうち、いま一見有力にみえるのが、八〇年の防衛白書以来強調され始めた「西側一員論」である。

「西側一員論」は、国際社会を東西軍事ブロックの対立構造でとらえ、「その軍事バランスが、世界の平和を維持してきた」と評価する。そして「最近のソ連の軍拡とアメリカの経済力の低下によりこの軍事バランスが崩れそうになってきた」との現状認識をした上、「日本は経済大国になったのだから、その地位にふさわしい軍事力を持ち、自由と民主主義を共有する西側の一員としての責任を果たすべきだ」という。私はこの「西側一員論」に反論したい。

第一に、この論には米ソを中心とした軍事ブロックの対立について、一片の批判も反省もないのが特徴的である。いま世界は核戦争の危機に脅えきっているが、莫大な資源を浪費し、地球を十数回も破壊できる核兵器を貯め込み、人々に脅威を与えている元凶は、まさにこの東西軍事ブロックの対立ではないか。そうであるならば、平和に寄与する道はその対立を少しでも和らげ、軍事ブロックの解消に力を尽くすことであって、一方に加担して対立を激化させることではない。経済大国日本が、軍事的な「責任」を果たしていけばいくほど、東西の対立は激化するに違いない。私たち国民は、「地球の脅威を増す一員」になることを拒否する。

第二に、この論は歴史的に既に破綻した勢力均衡による武装平和論に、いまなおしがみついている。軍事力で本当に平和が得られるのならば、年間二七〇〇億ドル（六〇兆円）にものぼる巨額の軍事費を使ってきたアメリカなどはもう絶対に安全で、今頃日本に「なんとかせよ」などという必要はないはずであり、年間七〇〇〇億ドルの軍事費を使っているこの地球上には、世界平和がとっくに実現しているだろう。軍事力は、強めても強めても平和を買うことはできない。

第三に、この論は世界を東西に二分しているが、これは正義と平等の実現に向けて発展している国際社会を無視している。いま国連加盟国の六五％が非同盟諸国で占められ、世界はイデオロギーや体制の違いを越えて、食糧、エネルギー、環境など人類共通の課題に直面している。世界の国々は、かつてないほどの相互依存関係を深め、国際社会はもはや東西の対立構造ではとらえきれないものになっている。

第四に、ではなぜ「西側一員論」は、東西対立を強調し、軍事力の強化を呼びかけるのか。西側の共有する価値は「自由と民主主義」であると言い、あたかもそれらを守るためのように聞こえる。しかしわれわれの愛する自由や民主主義は、軍事力によって守られるものではない。逆に軍事優先と同時に進行する国家主義の強化が、それらを後退させていくのが現実である。本当に国民の自由や民主主義を大切に思うのなら、それらを抑圧し破壊している軍事政権に多額の援助をするはずもない。

結局「西側一員論」が軍事力で守ろうとしているのは、西側先進諸国の支配層が、国の内外に持っているさまざまな利益や特権であるとしか思えない。その利権が理不尽なものであるほど、その維持には強力な軍事力が必要になる。しかし地球の南半分には八億という飢えた人間がいる。食糧生産量は地球上のすべての人を養いうるのに、分配の不公正が飢えをつくりだしている。貧困は戦争の原因になる。平和のためには、強い者勝ちの経済的自由を制御し、地球上のすべての人が人間らしく暮らせる条件をつくることが大切である。世界に類のない平和憲法を持つ日本にふさわしい役割は、「西側の一員」として防衛力を分担することではなくて、「世界の一員」として、東西の対立を和らげ、地球の環境保全と南北の経済格差の解消に力を尽くすことだと思う。

（一九八四）

交響曲「五月の歌」──ことしは憲法施行四十周年

昭和二十二年五月三日施行の日本国憲法は、ことし四十歳の誕生日を迎える。いま名古屋では市民手づくりの祭典「憲法施行四十周年記念フェスティバル『ひびけ！ 憲法のこころ』」の準備がすすめられている。メインのプログラムは、評論家加藤周一氏の講演「憲法・守ることと育てること」と交響曲「五月の歌」である。「五月の歌」は、外山雄三・林光の両氏によって、この記念日のために作曲され、五月三日、市民会館大ホールで名フィルと市民四百人からなる合唱団が歌いあげる日本国憲法賛歌である。言うまでもなくこの憲法は、明治憲法下において三百万人を超える国民の命を犠牲にし、その数倍に及ぶアジアの人々を殺傷したあの十五年戦争の反省と贖罪《しょくざい》を原点として生まれた憲法である。

国の中に民主主義が行われていないこと、国民に言論や思想や教育の自由のないことが、どれほど政治を誤らせるものか、そして軍隊とそれに結びつく政治がいかに平和と民主主義にとって脅威であるかを日本国民は歴史の中で学び、同じ誤りを二度と繰り返さないためにこの憲法を制定した。

だが憲法四十年のこの歳月は決して平たんなものではなかった。幾度かの改憲の動向はきびしく、憲法の空洞化もいわれて久しい。しかし、憲法はよく頑張ってきた。そして常に国民のために奉仕してきた。国民は憲法の平和主義に守られて、わが子を徴兵されることも、朝鮮やベトナムの戦線へ送ることもなく、また日本国民の手で他国の若者を一人も殺すことなく今日を迎えることができた。軍事費に多くのお金を費やしてこなかったからこそ、私たちは今ある豊かさを手に入れた。軍事力をバックにした暗黒の言論弾圧も過去のもののように見える。

だがしかし、憲法施行四十年のこの成果は、果たして揺るぎなく未来へ、子どもたちの孫たちの時代へとつなげていけるのだろうか？　対国民総生産（GNP）一％の枠を超えて増大する軍事費、福祉や労働者の権利の後退、環境破壊、国家秘密法など民主主義の基礎を掘り崩す立法の動き。いま多くの国民はかつてないほどの深い不安に包まれている。

こうした状況の中で迎える憲法四十周年。私たちは、憲法の理念にもとづいた戦後民主政治を正しく評価し、子や孫の時代へ伝えていく記念日として、この祭典を企画した。「五月の歌」は、憲法を愛する多くの人々の心にひびき、こだまして、必ずや憲法を守り育てる新たな決意を呼びおこすにちがいない。

（「回転いす」中日新聞、一九八七・二・四）

中国残留孤児国家賠償訴訟の法廷から

二〇〇三年九月二四日、愛知・岐阜・三重・静岡・石川・新潟に在住する中国「残留孤児」ら一四一名は、国を被告として、名古屋地方裁判所に国家賠償訴訟を提訴しました。この訴訟は、国が早期に中国残留孤児らを日本に帰国させる義務を怠り、帰国後も自立や生活を支援する義務を怠ったことによって、中国残留孤児らの「日本人として人間らしく生きる権利」を侵害した責任を問い、国の政策の転換を求めようとするものです。

東京では、すでに二〇〇二年一二月に六二九人の中国残留孤児らが提訴しており、それに続いて現在までに鹿児島、名古屋、京都、広島、大阪、岡山、札幌などで一斉に提訴し、全国で裁判が始まりました。

国は、戦前、国策として多数の開拓移民を満州に送り込みました。しかし、終戦間際のソ連参戦前後には、防衛ラインを後退させて開拓移民の保護を放棄し、現地召集により男手を失った開拓団の女子供や老人は混乱の中で殺されたり、集団自決したり、餓死病死などで多くの死者を出しました。終戦後も、国の現地定着方針により、帰国が遅れ、極寒の地で越冬する中でさらに被害は拡大し、残留孤児らの多くは、この避難と越冬の過程で親と離別し、中国人に引き取られた人たちです。

残留孤児たちの中には、養父母の愛情と献身によって育まれた者もありますが、多くは、貧窮のなかで労働に従事し、小学校にも満足に行けなかったようです。また、日本による侵略や支配への憎しみを一身に受けて「小日本鬼子《シャオリーベングイズ》」と呼ばれていじめられたり、「文化大革命」の際には日本人であるがために迫害を受けた者もありました。

国は、一九四九年に成立した中華人民共和国を承認せず、国交を断絶したため、中国からの引き揚げは中断してしまい、その後も、帰国のための積極的な方策をとらなかったばかりか、一九五九年には未帰還者特別措置法（戦時死亡宣告制度）を制定し、残留孤児たちの死亡を推定し、未帰還者問題を未解決のまま終息させようとしました。

一九七一年の日中国交回復後も、国は「残留孤児」の捜索に積極的に取り組まず、世論に押されてようやく中国残留孤児の「訪日調査」に踏み切ったのは、国交回復後九年も経った一九八一年のことでした。

残留孤児は、中国社会で長年生活し、現地の言葉や生活習慣を身につけており、ようやく身元が判明して日本に帰国できても、そこに生活の基盤はなく、日本語もほとんど使えませんでした。しかし、国はわずかな一時金を支給しただけで、日本語教育も不十分なまま早期就労を優先させてきました。

残留孤児の多くは単純労働にしか就くことができず、賃金が安い上に六〇歳を過ぎれば職はなく、自立を目指しながらも現実には生活保護に頼らざるを得ない状況です。孤児たちは老後の生活保障を中心とする総合的な施策を求めて国会請願を行いましたが、国会はこれを採択せず、厚生労働省は「生活できなければ生活保護で」という態度を続けています。このような国の姿勢に対し、中国残留孤児たちは、最後の砦として救済を司法に求めようとしているのです。

残留孤児たちにとって、日本が「冷たい祖国」ではなく、せめて残された人生において「日本に帰ってよかった」と思うことができるよう、裁判所の正しい審理と判断が望まれます。

戦争が終って半世紀以上経ち、社会が戦争のことをほとんど忘れようとしている今、まだ戦争が終わっていない人たちがいます。長い間、あの戦争のことにこだわってきた私は、弁護士として、残るエネルギーをかき集めて、この訴訟の弁護団に加わりました。会員の方たちにこの訴訟のことを知ってほしいと思い、時々『承継』*に裁判報告を書こうと思っています。

（『承継』24号、二〇〇四・五）

*『承継』については一五三頁参照

五歳の記憶

昭和一九年の三月頃だったと思う、早春の空に白いパラシュートをみた。近くで撃たれた「敵機」から脱出したアメリカ兵のパラシュートであった。はじめ青空の中の一つの白い点だったのが、次第に大きく風をはらんだ絵でみるような美しいパラシュートになった。

疎開先の三重県の津で、私は五歳であった。確か、お昼少し前の時刻で、私たち子どもは、道路で遊んでいた。パラシュートの着地点は、「ごはんそばし」と呼ばれる橋を渡った川向こうの林の中のようだった。大人達が走っていくので、子どもたちの群れもそれに続いた。

林の中で、白っぽい服を着たアメリカ兵が負傷して倒れていた。人垣が、まわりを遠まきに囲んでいる。とそのとき、一人の老人が負傷した兵隊に近づいていった。子どもたちもよく知っている靴屋のおじいさんだった。店の前で、子どもたちが遊んでいると、よく、ゴムの切れ端や、小さな白墨などをくれたりする人気のあるおじいさんである。しかし、そのあと私が見たのはおそろしい光景だった。

子どもたちにいつもやさしい靴屋のおじいさんが、薪のような棒で、負傷したアメリカ兵を打ったのである。アメリカ兵はじっと動かなかった。それから何人かが石を投げた。「子どもは帰りなさい」と言われ、私たちは追い返された。

津にも毎日空襲があった。高い塔のある美しい教会の幼稚園に入ったのに、警戒警報になるとすぐ家へ帰された。

幼稚園の中庭に矢車草が一面に咲いていて、それが途切れたあたりから、そら豆の畑になっていた。「なるだけ頭を出さないように帰りなさい」と先生がいわれるので、私たちは、矢車草の花の中に、かくれながら走った。途中、そら豆のうねの間にすわり込んで、葉を口にふくんでふくらませて遊んだりしていて帰るのが遅れて叱られた。

空襲がひどくなって、津も危うくなり、亀山へ再疎開をした。津の大空襲の一週間くらい前だった。住んでいた辺りは、爆弾の穴だらけになっていたとあとで聞いた。高い塔の中で、いつも静かにお祈りをしていらした「やとう先生」という幼稚園の先生も、私のナイトだった「やっちゃん」も、死んでしまったと聞いた。

亀山の疎開先は比較的裕福な農家で、おじさんとおばさんと、子どもが九人いた。一番上のお兄さんは兵隊に行っていて、一番下の男の子はまだお乳を飲んでいた。防空壕はなかったので、空襲になると、がけの下のやぶに皆でかくれた。

夜中など、真っ暗で、誰が居るのか居ないのかわからないので、おばさんが点呼をする。「ひさを、ひろき、さい子、こうじ……」と小さい者から順に呼んでいく。そして八番目を呼んだあと、おばさんは、ときどき「たかを」と一番上の、兵隊に行って、居ないお兄さんの名を呼んでしまうのだった。子育ての間、折りにふれ点呼してきた口ぐせなのだ。しばらく皆がしんとしてしまい、それからおばさんは、「あはは、たかをはおらんわ。はい、みえちゃん、みきちゃん、おるな」と私たち姉妹の名を呼んで終わるのだった。

戦争は、子どもにとっても極限状態だったのだろうか、その後の平和な時のことよりも、ずっと記憶が鮮明なのだ。断片的ではあっても、焼きついている記憶がある。折りにふれ思い出して反芻《はんすう》してきたためかもしれない。

負傷したアメリカ兵を打ったおじいさんは、お国のためと思って打ったのだろうか、本当にアメリカ兵が憎かったのだろうか、それとも、自分の息子が戦死してそのかたき討ちだったのだろうか、本当はとてもやさしいおじいさんだったのに……。あのおじいさんも爆弾で死んだのだろうか。

五歳の子どもの小さな記憶の中でも、戦争は、人間性を抹殺し否定した。それはあの戦争が

「侵略戦争」だったからではない。戦争目的が「自衛のため」であったとしても、より正当なものであったとしても、それは同じだったにちがいない。

（「名古屋弁護士会会報」二三六号、一九八〇・一一）

遅まきの夢を雲に乗せて

一九九七年に書いたと思われるエッセイ。どこかのラジオ局のキャスター公募に応募したのだろうか、履歴書と一緒にファイルしてあったもの。その後、出演した形跡がないので、出さずじまいだったのか選に漏れたのか、分からないままになってしまった。

若い頃ヘッセの本を好んで読んだためか、ヘッセが何よりも愛した雲を、私もまた人生を通して愛するようになった。このキャスター募集のことをラジオが報じたとき、聞き逃さなかったのは、「雲をテーマに」という一言による。

なぜ雲が好きかと問われたことはないが、答えははっきりしている。雲は美しく、そして限りなく自由だからである。「美しく自由であること」は、私の願望のほとんどすべてであると言ってよいものだから、そして、この世の中で雲ほどそれを私に見せてくれるものは外にないからである。

心が何かに囚われて自由を失ったとき、雲を見る。そんなとき、仕事や人間関係に囚われてコチコチになった硬い心は必ず静かに解き放たれる。雲の美しさと自由さに心を奪われると、俗界の地位や名誉や欲望は小さな壷の中の小砂利のように見下ろすことができるからだ。

いつの時も、雲はそれを見上げる人の期待を裏切らないが、夕暮れの空に流れるようにかかるオレンジ色の薄い雲は、何にもまして美しく懐かしいものだ。それは、都会で独り住まいを始めた若い日、下宿の窓辺で、人生に対する限りない希望と憧れを抱きしめながら見上げた雲である。あのころ、ジャーナリストになりたいと考えたことがあった。世の中に生起する出来事、人の喜びや哀しみをメディアで伝える仕事に憧れた日々であった。あの頃オレンジ色の雲に乗せた夢の多くは、そのままどこか遠くに消えてしまったけれど、雲はやはり同じ色をして今日も夕空にかかっている。

ヘッセが「郷愁」の中で、「私もまた、雲のように、さまよひ、どこにも安住のところを得ず、現在と永遠の間を漂って人生を渡っていくのだ」と書いている。人生がそういうものであるならば、そうだ、あの漂う雲に、もう一度私の夢を乗せてみよう。いいじゃないか、年齢の上限はなしとのことだから……。こうして、私の遅まきの夢は雲に乗って、テレビ塔の方角へ流れていく次第となった。

（一九九七）

III

〝あの戦争〟という原点へ

——「ピースあいち」前史

戦争メモリアルセンターの建設を呼びかける

あの戦争を原点にして五十年

私の本棚に『八月がくるたびに』という本がある。おおえひでという作者の一九七〇年に書かれた童話で、長崎で被爆した女の子が主人公のお話である。子どもがまだ小学生だった頃に買ってやった本だが、今は私の本棚に移っている。

この半世紀、多くの日本人は、この本の題名のように、「八月がくるたびに」否が応にも思い出し、戻ってしまう一つの原点を持って生きてきた。それはある人にとっては、人を殺すか自分が死ぬかの戦場そのものであり、戦友や身内の死であり、戦火の下を逃げまどった日々であったりした。また、自由にものの言えなかった時代の自分自身や、戦後の焼け野原のとてつもない広さに立ち尽くしたことや、戦後の物のない時代のひもじさや、それでも必死に生きてきた日々などであり、さまざまな場面の違いはあっても、「あの戦争」という四文字でくくられる共通の原点を抱えて、多くの国民はこの五十年を生きてきたように思える。

国民が共通の心の原点を抱えて生きるということは、大きいことである。その国の進路に影響を与えるからだ。戦後の日本は、戦争という共通の原点から出発して、いわばその負の体験をバネにして、それとは違う社会を、民主主義と平和と豊かさのある社会を追求し、育てようとしてきた。そして、その羅針盤が日本国憲法であった。戦後の五十年、いろいろな意味で十分とはいえないにしても、国民の歩んだ道は、大きくは間違っていないものであったと思う。

戦争メモリアルセンターの建設へむけて

だが、終戦から五十年、歳月は確実に流れた。

昭和十四年生まれで、終戦の翌年に小学校に入学したいわば戦後民主主義の第一期生である私の世代が、そろそろ会社では定年を迎えようとしている。戦争という原点を抱え込んで生きてきた人間は次第に減っていき、国民の心の中で戦争の記憶は遠くなりつつある。八月は夏休みの大型バカンスだけの楽しい月になろうとしている。

そのことは、日本が幸せな国になったことを意味しているのかもしれないが、あの戦争のことを民族全体が忘却することは、間違っているし、とても許されないことだと私は思ってきた。あの戦争は、民族の歴史の上で、最大の愚行、最大の不幸として国民が永久に記憶すべきことで、いわば負の遺産ともいうべきものなのだ。にもかかわらず、戦争体験の風化、戦争資料の散逸は止めようがない。

十年くらい前から、そのことに不安を強くしていた私であったが、治安維持法のもとで言論弾圧に抵抗され、戦後は平和運動の統一に力を尽くされた新村猛先生が亡くなられたとき、にわかに焦りを覚えた。個々バラバラに残存する戦争の資料を集約し、真実を保存するための時間は、あまり多く残っていないと思った。

それが出来るとすれば、自分のような戦争体験最後の世代がまだかろうじて社会の一線にとどまっているこの五年間が最後のチャンスかもしれない。それは、おおげさに言えば、戦争を原点に生きてきた二十世紀の人間の責務であろうと考えた。

戦争メモリアルセンターの建設を呼びかけたとき、同じ思いの多くの人々に巡り会った。多くの方が、直ちに呼びかけに応えて下さった。長い間、人生をかけてこつこつと戦争の資料を集め、調査してこられた人たちがいることも知った。

今年三月、愛知県議会で「戦争メモリアルセンターの建設を求める」請願が採択され、続いて愛知県に「終戦五十周年事業調査検討会議」が設けられ、戦争メモリアルセンターの建設もようやく実現へ向けて動き出したと思える。

これからの課題

だが、問題はむしろこれからである。この種の施設は出来ればそれでいいというものではないし、戦争の真実を正しく伝えることはそれほど容易ではない。「加害と被害のどちらに重点をおくつもりですか」「あの戦争を侵略戦争としてとらえているのですか」などと私にもいろいろな質問が浴びせられる。

しかし、私はこう思う。戦争という共通の原点を抱えて生きてきた人々においても、「私と戦争」という関係を問えば、戦争との関わりはそれぞれ皆違うのだ。だから戦争に対する思いもこだわりもそれぞれ違う。これが正しい、あれが間違いだということは不要のことだし、有害なことだ。また、それを一つにまとめる必要もない。そんなことは出来るわけがないのだ。一致した部分でまとめるなどという考え方などはますます愚かしい。「私のメモリアル」と「あなたのメモリアル」は違ってあたりまえで、違ったままでいいと思う。

だが、戦争メモリアルセンターは、あくまでも次代のための施設なのだ。だから、そこに表されるのは個々人のメモリアルを越えた「普遍的な戦争の真実」でなければならない。そして何が普遍的な真実であるかは、行政や素人の集団があれこれ議論してもはじまらない。それは、現在の我が国における最高レベルの歴史学者の通説にしたがうのが最も科学的であり、正しい態度であろうと思う。歴史の真実が何かは、資金を出すからといって行政が決めることではないし、呼びかけたからといって私たちの会や戦争被害者の団体が決めるものでもない。歴史は科学であり、行政もわれわれも専門家ではないからだ。

たとえ、歴史学者の通説に従ってつくられる戦争メモリアルセンターの戦争観が、個人がもっている戦争観や戦争への思いと異なることがあっても、それを謙虚に受け入れることこそ、戦争を原点として二十世紀を生きてきた人間の良心であろう。無益な論争に入りこむ時間はない。「一致する限度で」などという方法論で、内容のうすい、後世や国際社会の批判に耐えられないものをつくるのはやめよう。愛知県に、次代と国際社会の検証に耐えうる高いレベルの戦争メモリアルセンターを建設できるよう、みんなで知恵と力を出し合いたいと思う。

（「情報ぽけっと」No.23、一九九四・九・二〇）

『承継』より

小冊子『承継』は、戦争資料館建設を呼びかける会の発足から四年後（一九九七年）に創刊された季刊誌。戦争体験記やさまざまな情報を掲載し共有することで、進展の見えにくい市民運動の拠り所にしたい、という思いで八年間にわたって発行し続けたものである。

創刊号◉発刊に寄せて

戦争体験者が高齢化し、減っていき、戦争の資料もどんどん失われて行くことに危機感を感じた私たちが、戦争メモリアルセンターの建設を呼びかける準備を始めたのは一九九二年の晩秋、呼びかける会が発足したのが一九九三年の八月のことでした。

この運動は、心ある方々の共感を呼び、「忘れてはいけないことだった」「もっと早くやるべきだった」と多くの力強いご支援を受けました。中でも、今は亡き山田昇平大須ういろ会長さんが、「自分たちの世代でやるべきことだった。野間さん、よく始めてくれた。私も何でもしますよ」と励まして下さったことを思い出します。

約一〇〇名の呼びかけ人で発足した会は、一九九四年一月愛知県知事と名古屋市長に「戦争メモリアルセンター建設の要望書」を提出し、続いて愛知県議会に請願書を提出し、同年三月、この請願が満場一致で採択されました。名古屋市議会でも翌年三月に請願が採択されました。

その間、呼びかける会では「愛知にどのような戦争メモリアルセンターを望むか」を議論し、「ピースおおさか」の見学会や市民シンポジウム、市民からの提言募集などを行い、その結果を盛り込んだ「戦争メモリアルセンター基本構想案」をまとめて発表しました。また、賛同者の数を約七〇〇名に増やし、一年がかりで「戦争メモリアルセンターの早期建設を求める署名」を集め、一九九六年八月には約五万名の署名を愛知県と名古屋市に届けることが出来ました。

一方、愛知県と名古屋市では、一九九五年に設けられた終戦五〇周年事業調査検討会議において戦争資料館の建設が提言され、続いて一九九六年には戦争に関する資料館調査検討委員会が設置され、同年一二月には、「できるだけ早い時期に、戦争に関する資料の散逸を防ぐとともに、戦争の教訓を次代に伝えていくための手段を講ずることがぜひ必要である」という報告書が出されました。そして今年は、この報告書にそって、より具体的に建設方法を審議する委員会が設置されることになっています。

　このように私たちの運動は着実に進んできましたが、それでもなお、いまだに建設場所さえ決まらず、建設の槌音はいつ聞こえるとも定かではありません。私たちは、今世紀最大の出来事である戦争の歴史をきちんと集約してから、次の新しい世紀を迎えるのが望ましいと考えていますが、このままでは今世紀中の着工さえ危ぶまれます。

　このような状況の中で私たちは何をすべきか、何ができるかを考え、話し合いました。仕事があり、他にさまざまな雑事を抱えて忙しく生きている私たち、運動の組織も資金も持たない市民グループとして、考えられる活動を大方やった後に、なお出来ることは何なのか。そして考えついたのが、このささやかな季刊誌の発行です。折りにふれ人々の心に、戦争の集約がいまだ済んでいないこと、今世紀になすべき課題が残っていることを思い起こしてもらうために、『承継』と名付けた小さな冊子を出すことにしました。

　このささやかな冊子が、戦争メモリアルセンターの建設の歩みを一歩でも前に推し進めることを心から願いながら、お手元に創刊号を届けます。（一九九七・五）

2号◉「点描」

戦争資料館の建設に関する愛知県の担当部局は民生部障害援護課である。今年は担当者の多くが新しい顔触れになった。『承継』創刊号が印刷屋から届いた翌日、県の新しい担当者である障害援護課主幹の柴田晃男さん、主事の長谷川勝春さん、吉田良平さんらと、これまでの経過などを情報交換した。真剣に取り組もうとされている様子が心強い。出来たての『承継』を手渡し「今年はがんばって、計画を大きく進めて下さいね」とエールをおくり、プレッシャーも一緒におくったつもり。

平成七年に組織された「戦争に関する資料館調査検討委員会」が昨年一二月にまとめた報告書は「愛知県及び名古屋市におかれましては、本委員会の報告書をもとに、事業内容や設置場所など計画の具体化に向けて検討を進め、一日も早く、資料館の建設に着手されることを望みます」と結ばれている。今年度はこれを受けて、県・市共に各三〇〇万円の調査費の予算がつき、計画の具体化に向けて第二次の調査検討委員会が組織される予定で、人選を検討中とのこと。「どういう顔触れになるのですか」と聞いたが、まだそこまで決まっていない様子。将来は博物館学などの専門分野の人が必要になるだろうと言っておられた。『承継』第二号が出る八月頃に委員会がようやくスタートというところだろうか。

その数日後、『承継』創刊号を県会議員に届けるために、議員会館の廊下を歩いていると、大学時代の同級生の坪井さんに声をかけられた。今年から県の民生部長になられたとのこと。四〇年も昔、滝子にあった名大教養部のボロ校舎で机を並べた間柄である。伊勢湾台風も六〇年安保も共にくぐり抜けた仲で、戦争の記憶を持つ最後の世代であることも同じだ。その世代がやがて社会の一線を退く日もそれほど遠くはない。ぜひ、彼が民生部長在任中に計画を大きく進めてほしいと思う。「歴史観の違いがあり、難しい問題がある」という人もいるが、それは必ず乗り越えねばならないのであって、建設を遅らせて解決するものではない。基本理念・目的・機能についてすでに報告書がまとまったのだから、あまり難しく考えないで、ハード面の計画を進める必要がある。行政側に資料館建設に対する真の熱意と英断がほしい。

南山高校で歴史教育に取り組んでおられる久保田先生のことを新聞で知り、五月のある日、事務局メンバーの田中十四子さんと会いに行く。呼びかける会のメンバーは、事の性質上とかく高齢者に偏し、若者や子どもたちとのつながりが薄いので、教育現場におられる若い先生たちと何とか連帯したい一心からだ。

放課後の学校は、汗くさくなつかしい匂いがする。校門で田中さんを待つことしばし、仕事を終えた彼女が息せききって現れる。足を少し怪我しているので痛々しいが、初対面の人に会うには二人の方が心強い。久保田先生は生徒が主体的に歴史を認識するための授業を実践されており、その記録が『教室で語り合った戦争責任』という本になっている。今日的状況の下で、歴史の真実を生徒たちに教えるという困難な課題に取り組む先生の情熱に感銘し、これからの協力をお願いして学校を出る。杁中のあたり女子高校生が並木道を三々五々と連れ立って歩いて行く。私と田中さんもずっと昔、同じように連れ立って歩いた高校生だった。そして今もまだ一緒に歩いている。五月のさわやかな風の吹く夕暮れだった。

『承継』の発刊のことが朝日新聞と中日新聞の記事になった翌週月曜日の朝、事務所の電話は鳴りっぱなしだった。「承継を送ってほしい」という電話だが、その前に「私は七四歳だが、戦争のとき南方へ兵隊に行っとって……」という自己紹介を兼ねた戦争体験記が語られる

「私は戦争についての本や資料をしっかり持っておる。いちど見に来なさい」という命令口調のもある。鶴舞図書館から「名古屋市の十七の図書館に置くから、承継を十七部送ってほしい」との嬉しい注文もあった。

一つ一つの電話を受けながら、戦争の時代をくぐり抜けた人々のさまざまな思いや人生が伝

わってくる。まだまだ戦争の生き証人や資料も沢山ある、遅くはないぞ、今のうちだという思いが溢れる。

（一九九七・八）

3号◉「点描」

七月三〇日、『承継』二号が印刷所から届く。翌朝、まずは愛知県へ届けたいと思い、民生部障害援護課に電話を入れる。ところが、戦争資料館の担当者は全員出張で、夕方まで戻らないとのこと。そうだ、今日（七月三一日）は、戦争資料館建設に関する調査検討委員会の本年度の初会合が開かれる日だった。暑さで鈍くなった頭がようやく思い出す。これは、丁度いいタイミングだと、会議の行われる名城会館へ、委員の先生方への贈呈分も合わせて、出来立ての『承継』二号を抱えて行った。

名城会館の前に、新聞社の小旗がついたタクシーが二台ほど止まっている。カメラを抱えた人たちも出入りしている。もう会議は始まっているようだ。初会合だからであろうが、戦争資料館の建設はなかなか注目されている。県知事の頭の中は、万博と空港ばかりではないかと心配する向きもあるが、県議会・市議会の請願が満場一致で採択されているし、新しい委員会のメンバー（後期）は信頼できる方ばかりだから、戦争資料館は必ず良いものができるだろうと明るい期待をする。今年は冷夏でぐずついた天気が続いていたが、窓には、久しぶりに、『承継』の表紙絵のような青い夏空が広がっていた。

今年の委員会の様子をもっと詳しく知りたいと思い、九月二五日、県立大学へ塩澤君夫先生をお訪ねする。

夏休みの終わったキャンパスは学生も多く、賑やかで活気がある。かつて、名古屋大学の教養部もすぐ近くにあって、このあたりは学生の町だった。九月二五日といえば、昭和三四年のこの頃、伊勢湾台風があった。教養部の二年だった私は、この辺りを基地にして、県立女子大の人達と一緒に救援活動をしたことを思い出す。

塩澤先生のお話によると、今年の委員会は、全体会議は少なく、小委員会が中心になるとのこと。この小委員会は、戦争資料館の基本計画と資料収集方針について専門的見地から検討することを目的とする。小委員会の委員長は塩澤先生で、委員のメンバー（敬称略）は、安達厚三（名古屋市博物館副館長）、江藤恭二（愛知淑徳大学現代社会学部長）、須賀正（日本労働組合総連合愛知県連合会事務局長）、立松宏（半田市立博物館館長）、松原眞志夫（愛知県公立高等学校長会会長）、箕浦三郎（愛知県遺族連合会副会長）、森正夫（名古屋大学副総長）、矢田沢典子（豊田短期大学教授）、合わせて九人である。

ここで、基本計画（事業計画、施設計画、管理運営計画）が策定され、資料収集の方針が検討される。事業計画の小項目には、①事業計画の視点、②展示、③資料・情報の収集、保存、提供、④学習・情報提供事業、⑤調査・研究事業、⑥普及・交流・追悼事業が挙げられている。八回の小委員会が予定されており、平成一〇年一一月には報告書がまとめられることになっている。この報告書が出たのち、建物の基本設計へと進むのだろうか。

また小委員会では、今年度の早い段階に、資料収集の方針を決め、資料収集のための収蔵庫を設けることが検討されるとのことである。これは朗報である。戦争の資料を持っている人達は高齢化し、資料の保存が困難になっている。古い家が取り壊され、重要な資料が粗大ごみになってしまう場合さえある。「戦争資料館はいつできるのですか？」「資料を預かってもらえませんか？」という問い合わせの電話も掛かってくる。多くの人が、資料の保存場所を求めている。一日も早く、資料収集室の実現が望まれる。

小委員会の検討テーマとしての基本計画の中には、施設計画もあるから、きっと来年の早い段階に建設場所についても話し合われるに違いない。この県立大学はまもなく移転することになっている。この跡地はとてもいいなあと思いながら、学長室を出て帰途につく。敷地は広く、赤いレンガ造りの建物などはまだ使えそうだ。生涯教育の拠点としての計画があるようだが、戦争資料館も十分にその範疇に入れてもらえる施設だ。そんなことを考えながら歩いていると、アッという間に瑞穂区役所前の地下鉄の駅へ出る。交通の便もいいし……。

「今年は、小委員会方式だから突っ込んだ議論がし易いと思う」と言っておられた塩澤先生の言葉を思い出し、いよいよ今年から来年にかけて戦争資料館の青写真ができるのかなあと、またもや期待を膨らませながら、夕方のラッシュの始まった地下鉄に乗った。

（一九九七・一一）

4号◉「点描」

昨年一一月一日、「テレジンの幼い画家たち展」を観た。第二次世界大戦中、ナチス・ドイツの支配下にあった旧チェコスロバキア。プラハの北六〇キロ、アウシュヴィッツへの中継地として街全体がユダヤ人の収容所であったテレジンには、一万五〇〇〇人の子どもたちがいた。生き残ったのはわずか一〇〇人。解放の日、荒れ果てた収容所には、四〇〇〇枚の絵が残っていたという。一人のユダヤ人女性画家が、収容所へ連行される時に、限られた手荷物に、着替え等の代わりに、持てるだけの紙や絵の具を詰めて持ち込み、収容所で子どもたちに生きる希望を与えようとして絵を描かせた。「楽しかったことを思い出して絵に描きなさい、きっともう一度そういう日がくるから」と。

だから、絵の多くは、両親と遊んでいる遊園地の絵だったり、花壇のある自分の家だったり、明るく楽しい光景が描かれている。しかし、親と別れ、毛布一枚とわずかなパンしか与えられない、寒くてひもじい、不安な収容所生活の中では、どうしても楽しかったことを思い出せない子どもたちもいた。彼らは、暗く淋しい収容所の暮らしをそのまま絵に描き、それらは生々しい歴史の証拠として残った。明るい絵も、暗い絵も、それぞれに観る者の胸をえぐる。この展覧会は創価学会女性平和文化会議の主催で、若者が大勢観にきていた。

人間は、時折、形あるものに触れて歴史を思い起こさなければ、知らず知らずのうちに謙虚さを失い、傲慢になってしまうのではないかと思う。世界の国々と自国の関係、社会や国家と個人の関係を、歴史の中で捉え、正しく認識することが、今、大切なのではないかと思う。

一二月三日の朝、林礼子さんから中日新聞朝刊の記事がファクシミリで届いた。「輸送船安芸川丸撃沈から五三年」「戦友や遺族いずこ」「名古屋の島田さん、乗船名簿見せたい」という見出しの記事だ。

太平洋戦争末期の昭和一九年一二月二日、九州西方の屋久島付近で輸送船「安芸川丸」が撃沈された。乗っていた日本軍兵士四〇九人のうち二六〇人が戦死した。生き残った島田さんという名東区のご老人が、その時の乗船名簿やその他の資料を保存しているという。島田さんは、この資料を平成八年の夏、三ヶ根山にある観音堂に納めようとしたところ、関係者に「これは近く創設される県の戦争資料館に納めた方がよい」と言われ、とりあえず遺族にみせたいと、中日新聞社を訪れたとのこと。

この記事は、まだまだ民間に貴重な歴史的資料が多く残っていることを示す、大変興味深いものであるが、特に気に入ったのは「近く創設される県の戦争資料館」というところだ。林さんも同じ気持ちとみえて、そこのところに傍線が引かれている。「近く創設される」ということが巷のうわさになっているのかな。きっと多くの人々の願望と期待でもあるのだ。年々、戦争体験者は減り、貴重な資料は日々散逸しつつある。本当に、「近く創設される」ことが望まれるのだ。

早速、島田さんに電話を入れて、戦争資料館の建設の見通しなどをお話した。島田さんは八二歳、まだまだお元気そうだが、一日も早く、島田さんの持っておられる資料が、戦争資料館に収蔵される日が来ることを願う。

一九九八年が明けた。戦争資料館建設に関する調査検討委員会の小委員会は、平成一〇年度から本格的な戦争資料の収集に着手することを意見として決め、近く全体委員会にかけるという。県の担当者の話では、収蔵の場所や規模は予算次第だというが、実際に資料収集が始まることは大変喜ばしいことだ。

しかし……それにしても……、戦争は五十年以上も前に終わっているのだ。その戦争の資料館の建設がなぜこんなにも遅れ、しかもなかなか進まないのだろうか。私たちの「戦争メモリアルセンターの建設を呼びかける会」が発足したのが一九九三年八月。知事が県議会で「戦争資料館の設置」を表明したのがその年の九月。県議会の請願が採択されたのが九四年三月だ。それからでも四年以上が経つ。今年こそ、資料収集の開始と共に、少なくとも明確な建設計画の全体像が示されるべきであると思う。

（一九九八・二）

8号◉ 歴史の承継としての戦争資料館を

以下は、中生涯学習センターで開催された連続講座「承継」の第一二回目として平成一〇年七月二四日に行われたシンポジウムの要約です。

私は昭和一四年生まれで、戦争が終わった翌年に平和な時代の一期生として小学校に入学しました。日本国憲法の制定と共に、新しい教育を受け、いわば憲法の輝かしい自由と平等と平和の理念を浴びるようにして育った世代です。

戦争体験は、六歳までのわずかな体験しかないのですが、戦争は子ども心に強く残り、戦争と平和についてずっと考えてきました。また大学時代に六〇年安保を経験し、戦争と平和はさらに大きなテーマになりました。

八〇年代に日本国憲法を変えようという強い動きが出てきたときに、名古屋弁護士会の中に名古屋憲法問題研究会という護憲のための組織を作りました。そこが中心になって、毎年八月一五日に弁護士会館で、戦争体験を語り伝える会を十年ほどやりました。ところが戦争体験を語りたい人は多いのですが、聞き手の若い人がなかなか集まってくれない。八月一五日はお盆であり、夏休みでもあり、結局は戦争体験者ばかりが集まって、昔話をするぐらいの会になってしまい、ある時期「そんなことでは意味がない」という意見が強くなり、やめてしまったのです。しかし数年が経ち、戦争のことをますます皆が忘れていく現象を見るにつけ、八月一五日が来るたびに、何もしないで八月を過ごすこと　について、なんとも落ち着かない気持ちになりました。

考えてみると、戦争体験の最後の世代である私たちがそろそろ社会の第一線から引いていく時代にさしかかっています。それでもその世代がまだかろうじて社会の一線にいるうちに、きちんと戦争の資料を集約して次なるものにつなげていかないと、今後はそういう機会はなくなるのではないかと思えてきました。

民間では多くの人が力を尽くして戦争の資料を集めておられます。私たちとは比べものにならない努力をして、資料を集めたり、記録を作ったりしておられますが、それが活用されにくい状態にあります。それらが散逸しないようにどこかでまとめて整理し、展示して、次の世代のために役立てる必要があるのではないかと考えました。

そう考えるとにわかに焦りを感じてしまい、確か九二年の秋だったと思いますが、飯島宗一先生や森嶌昭夫先生に相談をかけたところ、「そのとおりだ、今やらなかったら永久に機会はないかもしれない、皆でやろうではないか」と賛成していただきました。

しかし、このテーマはなかなか難しい問題を含んでいるので、うまくやらないと失敗する。一度失敗したら、もう多分やり直せないのが、この種の運動だと思いました。そういう意味でも慎重に、真剣に取り組みました。

手っ取り早く民間でお金を集めて、小さいものでもつくろうかという議論もありましたが、本当に良いものでないと将来の役に立たないし、中途半端なものをつくっても維持管理に問題が残ります。やはりピースおおさかのように、県と市の施設としてつくるのが最も適当であるとの結論に達し、今までの経験から考えて、まず行政に対して発言力のある方たちに中心的に参加していただいて、愛知県と名古屋市に働きかけの運動をすることになりました。

そして九三年八月、約一〇〇人の呼びかけ人で、「戦争メモリアルセンターの建設を呼びかける会」を発足しました。幸いなことに、県議会議員や市議会議員の中にも賛同してくださる方があり、九四年三月二四日には愛知県議会で、九五年三月一日には市議会で、戦争資料館建設の請願が全会一致で採択されました。一方、呼びかける会は、九四年八月に「戦争メモリアルセンターの建設を進める市民シンポジウム」を開き、同年一二月には「戦争メモリアルセンター基本構想案」をつくり発表しました。また九五年には「戦争メモリアルセンターの早期建設を求める一〇〇〇人アピール」を出し、さらに約六万人の署名を集めて愛知県と名古屋市に提出しました。

その頃、戦後五十年の節目でもあり、県と市に終戦五十周年事業の検討委員会ができ、そこで戦争資料館建設のことが検討され、九四年一二月に「戦争資料館を作るべきである」との答申が出されました。その後この答申に沿って、愛知県と名古屋市は合同で「戦争に関する資料館の調査検討委員会」を設け、九六年一二月には、基本理念と方向性について報告書が出されました。続いて二期目の検討委員会が設置され、戦争資料館の規模や展示方法などについて検討が続けられ、九九年の三月には報告書が出る予定と聞いています。九八年度の予算では、県五〇〇〇万円、市五〇〇〇万円の調査費がついています。この報告書が出ると、いよいよ基本設計に入ってもらわねばならない段階ですが、建設場所がまだ決まらないようであり、また県市の財政の逼迫から九九年度の調査費の増額は望めるのだろうかと心配されます。

この間、市民運動としては考えられる限りのことをやってきました。その成果もあって、県と市が戦争資料館の建設に向けて検討を続けている段階に入りました。そこで次に私たちは何をやれば良いか考えたとき、行政や周囲の人々にこのテーマをいつもいつも忘れないでいてもらうために、『承継』というささやかな冊子を作ることにしたのです。戦争資料館の建設をめざして、戦争体験を載せたり、戦争資料館の意義などについて意見を載せていく冊子を作ろうと考えたのが一年半前の事でした。

現在、検討委員会の議論は進んでいるようですが、具体的にはまだ場所すらも決まっていない状況です。なぜこんなに進まないのか、何とか早く実現させたいと思います。現段階で県は資料の収集を始めています。それらは桜花会館の一室を充ててそこに保管されているようです。

資料収集が進むと資料館の建設についても少しはピッチが上がるかと思われますが、こういう状況をふまえて、どうしたら建設にまで早く持っていけるかということを、今日は皆で話し合いたいと思います。

（一九九九・二）

13号◉「点描」

あるとき、私たちは一冊のノートに出会った。ノートと言っても縦罫のある藁半紙が綴じてあるだけの粗末な帳面である。少し黄ばんでいる。表紙にはきれいな千代紙が張ってあって、墨で「郷土の香り、眞心《まごころ》慰問帳」と書かれている。

裏表紙には作者の署名があり、「愛知県海部郡佐屋村須依、青年団員前畑みや子、水谷ふさゑ」となっている。続く頁は目次で、「紅葉の便り」「美人画」「なぞなぞ問答」「押し花」「習字」……とある。

中を開くと、きれいなペン書きで、びっしりと字が書かれている。ところどころに、絵が描かれていたり、紅葉の葉や布のリボンなどが張り付けてあったり、なかなか華やかである。

これは、昭和一九年の秋頃、当時一六、七歳の少女であった二人が戦地の兵隊さんにあてて作った慰問帳である。南方の戦地に送られ、兵隊さんを慰問し、現地の激しい戦闘を体験した後、勝者であったアメリカ兵に拾われてアメリカに渡り、奇しくもそのままの姿で残され、去年の八月、五十七年ぶりに日本に帰国し、生まれ故郷へたどり着いたものである。

「お元気でいらっしゃいますか？　私達内地の青少年は、燃えるがごとき皆様の戦果に應《こた》えて、いよいよ溌剌《はつらつ》として職務に邁進《まいしん》して居ます」「この秋こそ増産にと、私達郷土のものは、はり切って強国の意気と実践力をもって着々と進行をつづけています」「中等学校の動員から、国民学校、会社工場にいたるまで皆勤労奉仕隊が出来まして、それぞれにご奉公に出かけています」「そして、自分達が力のある限りに発揮して、微《わず》か乍《なが》らもご奉公出来る幸福に心の中で満足しているのであります」

これらは「紅葉の便り」の中の一節である。銃後と言われた当時の内地の様子が、人々の心の有り様とともに、少国民の目を通してリアルに綴られている。

また、「足はあるが、歩かないもの何んでしょう」「木の上に立って見ているものはナーニ？」など、子どもらしく微笑ましいなぞなぞ遊びや、「兵隊さんがお喜びになる様なお写真が入っています」と書かれた赤い紙のポケットから、若く美しい高峰三枝子のブロマイドが出て来たり、ありったけの知恵をしぼって兵隊さんを慰めようとしている少女たちの真心がそこここに溢れている。

あのころ、隣組や婦人会がさかんに慰問袋を作り、戦地に送ったことは知られているが、こんなに内容のあるものがそのまま残っていて、送り主に戻って来た例はないのではなかろうか。

三月二八日、私たちはこの慰問帳の作者を佐屋町に訪ねた。残念なことに、この慰問帳作成の主力だった水谷さんは一年程前に亡くなられていたが、前畑さんがご存命で、当時のことを聞くことが出来た。

これまで戦争資料館の建設運動を支えてくれる仲間は、昭和一四年生まれの私を挟んで前後一〇年という高年齢世代に限られていた。若者を仲間にしたいといつも考えてきたが、なかなかできなかった。だが最近、事務局会議などに、ときどき数人の若者が顔を見せてくれるようになった。三月二六日には、長年の懸案だった「若者との座談会」が実現し、事務局のメンバーも大いに張り切った。この座談会の内容は、次号の『承継』に掲載予定である。(乞うご期待！)

実は、右の「眞心慰問帳」との出会いも、その若者グループが、私たちが長年やりたいと思いながら手をつけることの出来なかった「戦争体験者のインタビュービデオ」の試作にとりかかってくれたことがきっかけになった。慰問帳の作者の前畑さんのインタビューを終え、次には慰問帳をアメリカから持ち帰って下さった方を日間賀島に訪ねることになっている。若さは力である。戦争体験の継承は、私たちの運動を若者に継承することから始まるのかもしれない。

一つの戦争資料から、多くのことが浮かび上がって来る。資料は、人間の愚かしい思惑を越えて、ひたすら真実を語ってくれる。「眞心慰問帳」を通してそのことを改めて強く思った。こうした貴重な資料がなくならないうちに、どうしても戦争資料館をつくらねばならない。

（二〇〇〇・五）

15号◉「点描」

集中豪雨、地震と暗いニュースで始まったこの秋も一〇月に入ると明るい出来事があった。独裁政権が倒れて民主主義が勝利する瞬間はいつも感動的だ。ユーゴの首都べオグラードでは、一〇月六日ミロシェビッチ政権の退陣を求める反政府集会に二〇万人の国民が集結し、議会を包囲した。軍と警察そして報道機関が国民の側に立った時、民主主義の勝利は決定的になった。長い圧政から解放された人々の歓喜がテレビを通して伝わってきて胸が熱くなる。

軍・警察・報道機関は、国民の力がもはや止めようのないものであることを確認して軸足を変えた。そのこと自体は歓迎されることではあるが、独裁政権を支える軍隊と警察そして報道機関の存在の恐ろしさと強さを改めて感じさせた。それらは民主化のために自らが先頭に立つことは決してない。

それにしても、あのＮＡＴＯの空爆は何だったのか。自らの力で独裁政権を倒せる力をつけていた国民の頭上に、いかなる大義があって他国の軍隊が爆弾を落とし得るのか。「空爆によって独裁政権の崩壊が早まった」との見方もあるが、あの空爆で流された人々の血や苦しみがこの民主主義の勝利のために不可欠なものだったとは思えない。やはり「よい戦争」などというものはないのだと私は思う。

続いて、一〇月一四日、「金大中氏にノーベル平和賞」とのニュースがあった。私は、まるで恩師がノーベル賞を貰ったような気分で、一日中感慨に浸っていた。

私が弁護士登録をして数年、仕事と子育てに追われて日常性の中に埋没しかかっていた一九八〇年、平和と民主主義と人権という大きなテーマに、もう一度私を引き戻してくれたのは金大中氏であった。別に金大中氏に出会ったわけでも、話を聞いたわけでもない。一九八〇年七月、金大中氏がスパイ容疑で軍事裁判にかけられ、死刑宣告を受けたあの事件そのものによってであった。

七月に始まった韓国の軍事裁判は誰の目にもあまりにも理不尽であった。名古屋弁護士会では「金大中氏に人権と生命の保障を！」という署名を集め、政府に届けた。そして一〇月九日、一〇日に東京で二日間にわたって開かれた「金大中裁判糾弾国民法廷」を私は友人と共に聞きに行った。

国民法廷は、お茶の水の電通会館で二日間、しかも午前十時から午後六時まで三〇分きざみで、証人の証言が行われた。弁護士では、同期の佐々木秀典氏の「告発」、上田誠吉氏の「金大中起訴状の批判的検討」があった。とくに上田誠吉氏の証言は、明快で説得的で、大先輩の、今なお若々しい正義の情熱をそこにみた。

「光州事件の真相」は、映画と韓国からの手紙の朗読で生々しく語られた。また金大中氏と共に韓民統結成準備に携わった人たちの生の報告は、事件の核心だけに会場を圧倒した。学者では、明治大学の宮崎繁樹先生の「金大中裁判に関する国際法の諸問題」、中央大学の伊藤成彦先生の「金大中氏の思想」があった。伊藤先生の語る金大中氏の思想と言葉は、民主主義者、民族主義者、非暴力抵抗主義者である彼の姿をいきいきと伝えて聞く者の胸を打った。このすぐれた政治家であり思想家である金大中氏が、時の独裁者、しかも軍部の圧政のもとに、理不尽に殺されることが、いかに民主主義勢力にとって大きな損失であるか、無残であるか、誰もが同じ思いであった。藤島宇内氏、中山千夏氏らも証言に立った。終わり頃、病気中であるという青地晨氏が病をおして段上へ上った。証言は無理というほど身体を害している様子で、短い挨拶があった。ここにも誰に頼まれたわけでもないのに、身体をこわすほど、金大中氏救出のために奔走している人がいた。自由や民主主義がこれほどまでに人々に大切にされ、人の心を一つにする力をもっていることは、感動的であった。そして名古屋に戻った私たちは東京の国民法廷の成果を名古屋でも再現したいと考え、いろいろ苦労を重ねた末に、一二月六日「金大中裁判を裁く名古屋市民法廷」を実現させた。

あのとき死刑判決を受けながら、生きて今、氏は韓国大統領になり、彼と国民の悲願である南北統一へ希望の道を開き、ノーベル平和賞を受賞した。平和と民主主義の勝利が信じられる思いの一〇月であった。

（二〇〇〇・一一）

16号◉「点描」

新しい世紀の幕開けとあって、今年の新年は殊の外賑々しく始まった。連綿と続く時の流れの中で、昨日に続く今日、今日に続く明日があるだけで、何の変わりもないのだが、何かで時を区切りたいのが人間なのだろう。ときどき、時間や人生に区切りを設けて、気持ちを新しくしないと息苦しいからかもしれない。

だが、せっかく設けた大きな区切りにしては、社会全体が二一世紀に明るい未来を思い描けていない。そして、「二〇世紀の戦争の集約は二〇世紀中に」と言い続けた私たちには、事が進まないうちに区切りの方が早く来てしまった感じだ。次なる区切りをどこに置けばいいのだろうか？ そんなことを考えていたら、お正月は「中ぐらいのめでたさ」であっという間に過ぎ、気が付くと『承継』一六号の編集期限が迫っていた。

阪神淡路の地震から早くも六年という。災害の体験を風化させないようにと、兵庫県が災害の資料を集めている。一〇〇人を超える県の職員が被害者の家を訪ねて、聞き取り調査をやっている様子がテレビで紹介された。二〇〇二年には震災資料館をオープンさせるという。

「地震の悲惨な体験を風化させたくない。貴重な体験を後世へ伝え、このような被害を二度と出さないように教訓として残したい」と関係者は揃って語っていた。

あの地震の悲惨さを否定するつもりはないし、兵庫県の資料集めの努力や震災資料館のオープンは望ましいことだと思うのだが、何か釈然としない思いもある。

戦後半世紀にわたって「戦争体験を風化させたくない。貴重な体験を後世へ伝え、教訓として残したい」と思い続けてきたにもかかわらず、今なお、多くの戦争体験者たちがその思いを遂げられないでいるからだ。

震災は、天災として避けられない面があるにしても、防災対策によって被害を最小に食い止められるし、その努力が必要であろう。その意味で、体験は教訓として役に立つ。一方、戦争は天災ではなく、人がなしたことであり、これからも人がなし得ることであり、だからこそ人知で防ぎうるし、防ぐための努力が要る。体験は教訓として、さらに貴重である。

しかるに、体験伝承において、なぜ一方はかくも速やかにことが運び、他方はかくもなおざりにされ、それを誰もが怪しまないのだろうか。おそらく戦争があまりにも人為であるからだろう。体験のなかに、原因となった人為に対する反省や批判が内在するからだろう。そこにこそ体験が教訓となりうる力が在るのだが、時として真に意味あるものを恐れ、避けようとする人間社会の愚かしさがある。

本号から、山本正男先生の「ガダルカナル」を連載する。この長編の戦争体験記は、昭和四二年に名古屋弁護士会の会報に連載されたものである。山本先生は大正八年のお生まれで、昭和一七年に一一四名の中隊の一人としてガ島に上陸され、言語に絶する戦場の体験をされた。辛うじて生還された一二人のうちのお一人である。現在八〇歳を超えておられるが、現役の弁護士である。私は昭和三九年に名古屋弁護士会に登録して間もなく、この戦争体験記に接し、圧倒された。これは、自分の幼い戦争体験とは異質のものであった。その頃、山本先生たち戦争体験者は、時々、弁護士会近くのうなぎやの二階で、若い弁護士に戦争体験を語る会をやっていて、私も時折それに参加した。その会は、その後、私たちが「戦争体験を伝える八・一五の集い」として引継ぎ、その延長線上に今の戦争資料館の建設運動がある。

思えば、山本先生の戦争体験と、その体験記に込められた「戦争は二度としてはならない」という思いは、確かに私たちに受け継がれた。そして私たちは次にそれを伝える役割を求められている。山本先生は、私にとっては、一番上のお兄さんみたいな方だ。何だかんだとお願いばかりし、いつも助けてもらってきた。去年、この「ガダルカナル」の元原稿を、「いかように使ってもいいよ」と頂いた。そして今般いよいよ『承継』に連載する。

今年の計画として、八月に絵手紙展をやることが本決まりになった。会場のこと、絵手紙が集まるかどうかなど、いろいろ不安は多いが、一六号に予告記事を載せることで、覚悟を決めようということになった。二月一日には朝の七時に会場の予約をとりにいくぞ!

（二〇〇一・一・二五　記す）

18号◉「点描」

『承継』を発刊してはや四年、この夏号で一八冊目だ。戦争資料館の建設に向けて県市が検討を進めている間、「何もしないで待っているだけでは建設が進まない」と、手作りの季刊誌発行に踏み切ったが、昨今事務局では「『承継』を出し続けるだけでは事態は動かない」という焦りに駆られ出した。この焦燥感が一七号の事務局座談会となり、「県が動かないなら、場合によっては自分たちの手で」「ささやかであっても、戦争資料館を一刻も早く立ち上げよう」とまで皆が思い詰めた。そして六月二四日に代表委員会議を開き、この気持ちを率直に代表委員の方々にぶつけてみた。

しかし、さすがに代表委員の先生方は冷静・沈着であった。「県は、決して戦争資料館の建設を棚上げにしてはいない」「必ずつくるという方向で考えている」「民間は協力体制をしっかり作ること」「そのために会をNPOにしたらどうか」「当面は新設ではなくても、既存建物の一部でのオープンを県に働きかけることが良い」等々の建設的・積極的なご意見が出された。

そしてまず、代表委員が県知事に面談し、私たちの意向を直接伝えようということになり、高橋正蔵先生を通して知事に面談のお願いをすることになった。

事務局が同じ顔ぶれで集まって、動きの少ない地味な作業を繰り返していると、なんだか運動がエンドレスに思えて来て、時には焦りが増幅してしまうが、少し離れて見守って下さっている代表委員のご意見は有難かった。事務局一同いたく納得し、心が落ち着いた。

その後、知事さんはお忙しいようで、この原稿を書いている現在、まだ面談は実現していないが、きっと近く、お目にかかれる機会ができると思う。

絵手紙展（八月一日～五日）が迫ってきた。絵手紙という全く不慣れなものを扱うだけに、正直言ってどうなることかと甚だ心細かった。だが、絵手紙そのものは、まず蒲郡の牧野正則先生ががんばって集めて下さり、続いて中日新聞やＮＨＫ・ＦＭのお知らせ、「おしゃべりランチ」それから東海ラジオ、フレンド朝日などが取り上げて下さったお陰で、締め切り近くなって、どーっと集まってきた。集まった絵手紙はそれぞれ素晴らしく、心がこもっていて、感動的だ。

○地雷を埋めないで　おねがい、おねがい、たまねぎのひとりごと
○一握りのそら豆で空腹をしのいだ疎開先でのつらく淋しい思い出
○いわしの丸干しが大変なご馳走でしたよ

○お父さん、お母さん、もっと聞かせて私が生れた頃の戦争の頃の話
○今も夢を見てしまう。戦争で死んだ友のすがた　戦争資料館をつくって下さい……

これらのメッセージに心をこめた素敵な絵が描かれているのだ。早くみんなに見てもらいたい。県や市の関係者にもぜひ！

展示のハード面でも、あれこれ悩んだが、本職、看板業の村上扶佐雄さん（『承継』の表紙の題字は彼の作）が、気の毒にも、いつものように仲間に引き込まれた。当初、私たちは、発砲スチロール板に絵手紙を張り付ける計画だったが、村上さんは「そりゃ駄目だ。一日で反《そ》っちゃうぞ」と言った。言った以上、彼はなんとかせざるを得なくなり、結局、商売道具の看板用のパネルを一六枚も紙を張って貸してくれることになった。そして「ついでに搬入も搬出もお願い！」されてしまい、全く気の毒なことになった。というわけで、なかなか素敵な絵手紙展が出来そうなので、ぜひ見に来てくださーい。

この暑い夏のさなかに、さらにホットなニュースがある。わが戦争メモリアルセンターのホームページが出来たのだ。これも全くありがたいことに、事務局の田中十四子さんの愛息がアメリカ勤務の休暇で、日本に帰ってきた。彼はこの夏休みを返上して、私たちのホームページを立ち上げてくれたのだ。

郵便はがき

料金受取人払郵便

名古屋中局
承認

9014

差出有効期間
2026年9月29日
まで

460-8790

101

名古屋市中区大須
1-16-29

風媒社行

注文書◉このはがきを小社刊行書のご注文にご利用ください。

書名	部数

郵便振替同封でお送りします（1500円以上送料無料）

風媒社 愛読者カード

書　名

本書に対するご感想、今後の出版物についての企画、そのほか

お名前　　　　　　　　　　　　　　（　　　歳）

ご住所（〒　　　　　　　）

お求めの書店名

本書を何でお知りになりましたか

①書店で見て　②知人にすすめられて

③書評を見て（紙・誌名　　　　　　　）

④広告を見て（紙・誌名　　　　　　　）

⑤そのほか（　　　　　　　）

＊図書目録の送付希望　□する　□しない

＊このカードを送ったことが　□ある　□ない

名古屋で見つける化石・石材ガイド
西本昌司

地下街のアンモナイト、赤いガーネットが埋まる床……世界や日本各地からやってきた石材には、地球や街の歴史が秘められている。

1600円＋税

ぶらり東海・中部の地学たび
森 勇一／田口一男

災害列島日本の歴史や、城石垣を地質学や岩石学の立場から読み解くことで、観光地や自然景観を〈大地の営み〉の視点で探究する入門書。

2000円＋税

名古屋からの山岳展望
横田和憲

名古屋市内・近郊から見える山、見たい山を紹介。山の特徴やおすすめの展望スポットなど、ふだん目にする山々がもっと身近になる一冊。

1500円＋税

名古屋発 日帰りさんぽ
溝口常俊 編著

懐かしい風景に出会うまち歩きや、公園を起点にするディープな歴史散策、鉄道途中下車の旅など、歴史と地理に詳しい執筆者たちが勧める日帰り旅。

1600円＋税

愛知の駅ものがたり
藤井 建

数々の写真や絵図のなかからとっておきの1枚引き出し、その絵解きをとおして、知られざる愛知の鉄道史を掘り起こした歴史ガイドブック。

1600円＋税

伊勢西国三十三所観音巡礼
◉もう一つのお伊勢参り
千種清美

伊勢神宮を参拝した後に北上し、三重県桑名の多度大社周辺まで、39寺をめぐる初めてのガイドブック。ゆかりの寺を巡る、新たなお伊勢参りを提案！

1600円＋税

写真でみる 戦後名古屋サブカルチャー史
長坂英生 編著

ディープな名古屋へようこそ！〈なごやめし〉だけじゃない名古屋の大衆文化を夕刊紙「名古屋タイムズ」の貴重写真でたどる。

1600円＋税

愛媛県歴史文化博物館 編

予の海上交通、四国遍路をめぐる物語…。 1600円＋税

古地図で楽しむ駿河・遠江
加藤理文 編著

古代寺院、戦国武将の足跡、近世の城とまち、災害の爪痕、戦争遺跡、懐かしの軽便鉄道……。 1600円＋税

古地図で楽しむ三重
目崎茂和 編著

江戸の曼荼羅図から幕末の英国海軍測量図、「大正の広重」吉田初三郎の鳥瞰図…多彩な三重の姿。 1600円＋税

岐阜地図さんぽ
今井春昭 編著

観光名所の今昔、消えた建物、盛り場の変遷、飛山濃水の文学と歴史……地図に隠れた岐阜。 1600円＋税

古地図で楽しむ岐阜 美濃・飛騨
美濃飛騨古地図同攷会／伊藤安男 監修

多彩な鳥瞰図、地形図、絵図などをもとに、地形や地名、人々の営みの変遷をたどる。 1600円＋税

明治・大正・昭和 名古屋地図さんぽ
溝口常俊 監修

廃線跡から地形の変遷、戦争の爪痕、自然災害など、地図に刻まれた名古屋の歴史秘話を紹介。 1700円＋税

古地図で楽しむなごや今昔
溝口常俊 編著

絵図や地形図を頼りに街へ。人の営み、風景の痕跡をたどると、積み重なる時の厚みが見えてくる。 1700円＋税

古地図で楽しむ尾張
溝口常俊 編著

地図をベースに「みる・よむ・あるく」――尾張謎解き散歩の勧め。ディープな歴史探索のお供に。 1600円＋税

古地図で楽しむ三河
松岡敬二 編著

地域ごとの大地の記録や、古文書、古地図、古絵図に描かれている情報を読み取る。 1600円＋税

古地図で楽しむ近江
中井均 編著

日本最大の淡水湖、琵琶湖を有し、様々な街道を通して東西文化の交錯点になってきた近江。 1600円＋税

地図で楽しむ京都の近代
上杉和央／加藤政洋 編著

地形図から透かし見る前近代の痕跡、あったかもしれない景観、80年前の盛り場マップ探検。 1600円＋税

古地図で楽しむ金沢
本康宏史 編著

加賀百万石だけではない、ユニークな歴史都市・金沢の知られざる姿を読み解く。 1600円＋税

◎好評発売中

迷い鳥［新装版］ ロビンドロナト・タゴール
川名澄 訳 ◉タゴール詩集

アジアで初めてのノーベル文学賞に輝いた詩聖タゴール。1916年の日本滞在にゆかりのある珠玉の英文詩集、初版英文テキストを併記した完訳版。 1800円+税

ギタンジャリ［新装版］ ロビンドロナト・タゴール
川名澄 訳 ◉タゴール詩集 歌のささげもの

アジア初のノーベル文学賞を受賞したインドの詩人タゴールの自選詩集を、はじめてタゴールを読むひとにも自然に届く現代の日本語で翻訳。英文も収録。 1700円+税

わたしは誰でもない エミリ・ディキンスン
川名澄 訳 ◉エミリ・ディキンスンの小さな詩集

時代をこえて、なお清冽なメッセージを発しつづけるエミリ・ディキンソンの詩。そぎ落とされた言葉に、永遠への願いがこもる。新編集の訳詩集。 1500円+税

ウィシュマさんを知っていますか？ 眞野明美
◉名古屋入管収容場から届いた手紙

入管で亡くなったスリランカ人女性ウィシュマ・サンダマリさんが残した手紙。彼女の思い描いていた未来はなぜ、奪われたのか。安田菜津紀さん推薦！ 1200円+税

障害者たちの太平洋戦争 林雅行
◉狩りたてる・切りすてる・つくりだす

視覚・聴覚障害、肢体不自由、知的障害の人々はいかに戦時体制に組み込まれ、積極的または消極的に動員されていったか。 1800円+税

悲しむことは生きること 蟻塚亮二
◉原発事故とPTSD

原発被災者の精神的な苦悩は、戦争被害に匹敵する。原発事故直後から現地の診療所で診察を続ける著者が発見した、被災地を覆う巨大なトラウマの存在。 1800円+税

驚愕！ 竹島水族館ドタバタ復活記
小林龍二（竹島水族館館長）

さまざまな改革をおこない入館者数のV字回復をみせた愛知県蒲郡市・竹島水族館のドタバタ復活物語。

2024年10月増築グランドオープン！

1200円＋税

認知症の人間学　中村博武
◉認知症の人の内面世界を哲学から読み解く

誤解に満ちた固定観念から離れて、哲学的視座から認知症の人の内面世界を見直し、認知症とともに生きることの意味を問う。

1800円＋税

ひとりでは死ねない　細井順
◉がん終末期の悲しみは愛しみへ

穏やかに人生を振り返るために何が必要なのか。長年病者の苦しみに触れてきたホスピス医が贈る〈悲しみの先にある豊かな時間〉。

1600円＋税

私たちの表現の不自由展・その後
表現の不自由展・その後をつなげる愛知の会　編

このままでは、終われない！ あいつぐ妨害や嫌がらせに屈せず、中止された〈表現の不自由展・その後〉再開をもとめて行動した市民たちの記録。

1500円＋税

みどりや主人の大正・戦前昭和　嶋村博
◉スクラップ帳が語る庶民史

パンデミック後の大正・戦前昭和は「戦争の時代」へと進んだ。そうした時代の庶民の気分を、一個人が残した百五十冊のスクラップ帳から読み取る。

1800円＋税

明治・大正・昭和
愛知の名所いまむかし　岩瀬彰利　編著

伝統的な名勝地から現代の待ち合わせスポット、失われた名所まで――。にぎわいの背後にある地域が記憶する秘められたストーリーを読み解く。

1800円＋税

家康VS秀吉　小牧・長久手の戦いの城跡を歩く　内貴健太

小牧・長久手の戦いのすべてがこの一冊にある。城跡や古戦場など、ゆかりの地を訪ね歩き、地域の伝承なども盛り込んで、その実相を立体的に解き明かす。

2200円＋税

穂の国探究　大塚耕平
◉語り継ぎたい東三河の歩み

古代から現代に至るまで、東三河の豊かな文化遺産と繁栄を築いた人々の足跡を追いながら、東三河の魅力と可能性に迫る一冊。

1600円＋税

名古屋から消えたまぼろしの川と池
前田栄作

今はなき水辺の面影を求めて――。ビルの建ち並ぶ繁華街や多くの自動車が行き交う道路にも、かつては長閑な田園が広がり、水を湛えた川や池があった。

1700円＋税

英傑会の謎　大竹敏之
◉名古屋まつりを彩る郷土三英傑

名古屋まつりのメインイベントである郷土英傑行列と三英傑経験者の集まり「英傑会」を中心に紹介し、三英傑と名古屋人の熱い思いの源を再発見する。

1500円＋税

星ひとつ
藤原伸久

喪失と邂逅をめぐる、せつなくて、ほろ甘い愛の物語。「まほろば賞」優秀作選出の「黄昏の朝」、登山を舞台にした表題作を含む連作を収録した小説集。

1500円＋税

ストック・シェアリング
井澤知旦／名古屋学院大学社会連携センター編集委員会　編

コミュニティに蓄積する空間・時間・情報などの〈ストック〉を、地域等のマネジメントを通じてシェアリングし、地域課題の解決と新たな価値の創出を図る。

2500円＋税

小さな町の教育長
北川昌宏

広がる格差、形骸化する理念。変容する学校と疲弊する教員たち。愛知県で一番小さな町から〈教育〉のこれからを考える。

1500円＋税

大逆の僧　高木顕明の真実　大東仁
◉真宗僧侶と大逆事件〈新装版〉

「大逆事件」に連座し死刑判決を受けた高木顕明。差別撤廃、廃娼、反戦に取り組み人々の尊敬を集めた僧侶は、いかにして〝大逆の僧〟に仕立てられたのか。　１８００円＋税

愛知の大正・戦前昭和を歩く　溝口常俊 編著

モダン都市の光と影――。カフェ、遊廓、百貨店、動物園、映画館、商店、レコード……。地域に残された歴史資料で、まちの表情を読み解く。　１８００円＋税

名古屋の明治を歩く　溝口常俊 編著

江戸の面影が徐々に消え去り、近代産業都市へとめまぐるしく変化した明治の名古屋。転換期の風景や世相・風俗を読み解き、近代名古屋のルーツを探る。　１６００円＋税

名古屋の江戸を歩く　溝口常俊 編著

いにしえの名古屋の風景を求めて、さまざまな絵図・古地図・古文書から、地名の変遷、寺社の姿、町割りの意味、災害の教訓などを読み解く。　１６００円＋税

改訂版 なごやの古道・街道を歩く　池田誠一

ロングセラーがカラー改訂版で再登場！ 名古屋地域を通る古道・街道の見どころ、名所・旧跡を紹介。まちの記憶を訪ね歩く歴史ウオーキングにおすすめ。　１８００円＋税

街道今昔 **三重の街道をゆく**　千枝大志 編著

三重県内の街道で育まれた物語を訪ねて、地元の学芸員や郷土史家が歩いた。　１８００円＋税

街道今昔 **三河の街道をゆく**　堀江登志実 編著

旅人の気分になって、往時をしのばせる寺社仏閣や路傍の地蔵・道標などを訪ねてみませんか。　１６００円＋税

街道今昔 **美濃路をゆく**　日下英之 監修

大名や朝鮮通信使、象も通った街道の知られざる逸話や川と渡船の歴史をひもとく。　１６００円＋税

街道今昔 **佐屋路をゆく**　石田泰弘 編著

東海道佐屋廻りとして、江戸時代、多くの旅人でにぎわった佐屋路と津島街道を訪ねる。　１６００円＋税

モダン東京地図さんぽ　和田博文 編著

関東大震災で江戸と地続きの東京はどのように滅び、変貌したのか。戦前東京の街ものがたり。　１６００円＋税

古地図で楽しむ広島　鈴木康之 編著

瀬戸内海沿岸の広島・宮島・呉など、海とともに発展してきた地域の歩みを古地図を糸口に探る。　１７００円＋税

古地図で楽しむ伊豆・箱根　池谷初恵／大和田公一 編著

信仰、要害、温泉、街道などを切り口に、伊豆・箱根の奥深い歴史と文化、多様な景観を読み解く。　１７００円＋税

古地図で楽しむ瀬戸内・香川　森正人

近代航路で変容した旅、名物として発見されたうどん……地図を読み解き伝統・文化を問い直す。　１８００円＋税

古地図で楽しむ首里・那覇　安里進／外間政明 編著

当時の町の絵師たちが描いたパノラマ図などを比較分析し、近世琉球社会の姿を読み解く。　１７００円＋税

地図で楽しむ横浜の近代　岡田 直／吉﨑雅規／武田周一郎

横浜時間旅行へ、いざ！ 外国人居留地、関東大震災の爪痕、モダン都市横浜、占領と復興……。　１６００円＋税

古地図で楽しむ富士山　大高康正 編著

前近代の富士山信仰の世界、さまざまな登山道とその起点となった集落の変遷……。　１７００円＋税

古地図で楽しむ神戸　大国正美 編著

文字情報だけではわからない街道や自然景観の変遷、港町の情景、近代文学者たちのまなざし……。　１６００円＋税

古地図で楽しむ信州　笹本正治 編著

流れる川とそびえる山、四つの平らと城下町……。村絵図や街道地図を読み解く。　１６００円＋税

古地図で楽しむ長崎　大平晃久 編著

江戸から続く諸外国との交流が育んだ異国情緒の様相、文学や災害、原爆投下……土地の記憶。　１６００円＋税

全く若い人は素晴らしい、ありがたいの一語につきる。この日、若者以外の人は、若者がコンピューターを駆使する机のまわりをウロウロしながら、次第に出来あがっていくホームページに歓声をあげて、ただ見ていた。

田中俊郎くん。本当にありがとう！これからもよろしく。

（二〇〇一・八）

23号◉「点描」―第一回総会ご報告―

本年四月、ＮＰＯ平和のための戦争メモリアルセンター設立準備会は、予定通り認証され、無事に発足した。準備を始めてほぼ一年、申請から認証まで四ケ月を経過した。設立登記を済ませ、ホッとする間もなく、わが会は心せわしい日々を迎えた。六月二一日に予定した第一回総会の企画をたてなければ……、その前に理事会もやらねば……、会員の拡大も図らなければならないし……。何かにつけて、これまでと違ってきちんとやらねばというプレッシャーも加わった。

それでも何とか事がうまく運ぶから有り難い。こういうときは必ず事務局のメンバーが底力を発揮してくれる。

四月一九日の理事会には、ＮＰＯの運営に詳しい大西光夫さん（ボランタリーネイバーズ理事長）が「ＮＰＯ発展のための課題」というテーマでお話をしてくださることになり、第一回総会には無言館の館主の窪島誠一郎さんの来演の承諾をとりつけることができ、活動は一気に軌道にのった。

総会と記念講演会は、使用料のいらないＮＰＯ交流プラザの一番大きい部屋を借りることになったが、定員が八〇名だという。どのくらいＰＲすれば八〇人くらいの人が来てくれるのか、まず見当がつかない。少なすぎては困るし、多すぎても困る。この予測が大変むずかしいのだ。皆で知恵をしぼって、なかなかよく出来たチラシができ、二〇〇〇枚を市内各所に配ったが、これで人が来てくれるのかどうかは皆目判らない。たまたま別件でＮＨＫラジオの記者から電話があったので、幸いとばかり、この企画をラジオで報道してほしいと頼んだら、ＯＫしてくれて、お報《しら》せ番組で紹介された。中日新聞も記事を書いてくれた。総会の四、五日前のことである。

翌日から、問い合わせの電話がひききりなく事務所にかかり始めた。始めは嬉しく対応していたが、そのうちだんだん心配になった。せっかく来てくださっても会場に入りきれないのではないか、それでは失礼だ、どうしたものだろう。事務局は、次々かかる電話を受けながら、総会当日まで悩みつづけた。

総会当日は、梅雨の間とは思えない青空のカラリと晴れた日になった。一時半の総会がまだ始まる前からお客さんが来始めた。用意した番号札を渡してお待ちいただき、定刻より総会を開催した。出席者四五名（うち委任状一八名）で、総会は有効に成立し、塩澤先生の情勢報告を含めたご挨拶のあと、田中十四子理事が議長に選出され、議事に入った。議案は、二〇〇三年度事業計画案と同収支予算案についての二つであり、事務局提案を説明し、若干の質疑のあと異議なく承認された。（本号四、五頁に掲載）

総会が終わったころ、会場の周りは講演会の開催を待つ人たちで一杯になった。詰めて、詰めて、どんどん詰めて椅子を入れ、会場は一度入ったら二度と出られないほど一杯になり、窪島さんの講演は始まった。定員をはるかに越えていたが、ＮＰＯプラザの担当者は親切に次々と椅子を貸して下さり、大変ありがたかった。入れないからとお断りすることもなく、百数十人が詰めあって講演を聴くことができた。

お話は感動的であり、涙して聞く者も多く、充実した記念講演会となった。テープを起こして、本号にそのまま掲載したのでお読みください。事務局の田村郁子さんが老眼にムチ打って作業してくれたものである。

NPO平和のための戦争メモリアルセンター設立準備会のリーフレットもできた。秋には、無言館へのバスツアーも計画中である。運動は前進モードにある。この点描は、今後は事務局メンバーが回り持ちで書くことになった。運動を支える人たちの息吹が伝わるコラムになることと思う。

（二〇〇三・九）

25号◉「点描」――「平和のための戦争資料館展」にかける

本号の表紙は、四月二七日から開催する「平和のための戦争資料館展」のリーフレットのデザインそのものである。事務局の赤澤ゆかりさんと友人のデザイナーが心をこめて作ってくれた。いま事務局は、二ケ月後に迫った戦争資料館展の準備の真っ只中である。

思えば、大変なことを考えついたものだが、この展覧会は、「終戦から六〇年、今年こそ、膠着《こうちゃく》している運動に風穴を開けて、一気に戦争資料館の開設にメドをつけたい」という切なる願いから出た企画である。自分たちで、戦争資料館のモデルを試行的に開設して多くの人に観てもらい、戦争資料館の必要性を広くアピールしようという考えである。

ところが、私たちにはノウハウがない。県と市に戦争資料館の開設を求めて、もう十年以上も運動を続けてきたが、まだ自分たちの手で戦争展なるものを開いたことがない。だから、展覧会の準備は、まったくの手探りで始まり、暗中模索の中で早くも終盤を迎えつつある。

　しかし、それでもありがたいことに、事務局会議を開くたびに、新しい仲間は増えてくるし、思いがけない協力者も現れて、あちこちから「こんな写真がある」「こんなパネルが借りられそうだ」といういい話も入ってくる。そして、事務局一同の奮闘があって、今年に入って展覧会はようやく形を見せ始めた。

　展示は、愛知県と名古屋市の「戦争に関する資料館検討委員会報告書」（平成一一年三月）に沿い、五つのテーマで構成される。第一は、愛知における戦争の実態の展示である。愛知の空襲を時系列にそって写真パネルで展示する。第二は、戦時下の県民の暮らしに関する展示である。戦時下の生活や子どもの様子を資料と写真で再現する。第三は、戦争の全体像を明らかにする展示である。戦争の経過と歴史を学べる展示をめざす。第四は、戦争犠牲者の追悼と平和を祈念する展示、第五は戦争と平和を考える展示である。これは特別展「イラクで今何が起こっているか」で構成する。詳しい内容は、本号の記事を読んでほしい。

　一月二七日、午前中、中日新聞社の事業部の増井恵さんのご好意で、資料室で多くの写真資料の見分をし、午後は、事務局総出で、県の収蔵資料を見せてもらいに行き、借り出し資料の特定作業をし、夜は事務局会議を開く。一月三日は、会場となる市民ギャラリー矢田へ行き、実際の展示の構想を練る。八日は、リーフレットの校正がある。一二日は、豊川の桜ヶ丘ミュージアムへ、豊川工廠《こうしょう》の空襲の資料の借り出しを頼みにいく。……当分はこんな日が続くだろう。

県の資料の見分は、なかなか大変だった。数千点ある資料リストを見て、借り出したい候補の数百点を選び、県にあらかじめ示し、県民課の方が倉庫から県庁の会議室に運んでくださった。しかし、それは宝の山といってよいもので、見ていくと「これも借りたい」「あれも展示したい」と思うものばかりで、ちっとも作業が進まない。戦争の貴重な資料として多くの人にみせたいものの山なのだ。しかし、わが展覧会の展示スペースは限られていて、展示できる資料は多くない。その日、何時間も戦争資料に埋まって作業しながら、皆が抱いたのは、「こんなに多くある貴重な資料をいつまでも倉庫に眠らせておいてはいけない」という共通の思いであり、「やはり戦争資料館が要るのだ」という確信だった。

さらに特記すべきは、協賛企画のコンサート「今こそ平和のうた（歌・詩）を」である。21頁で竹川日出男さんが詳細を紹介してくれているが、名大男声合唱団OB有志の歌、松原実智子さんの朗読、高野春廣さんのグループの群読、下垣真希さんの平和の歌と語り。この盛りだくさんのコンサートは、戦争資料館設立運動の強力な賛同者たちの好意で企画されたわが展覧会への豪華な応援歌である。この協賛企画によって、孤立しがちな戦争展覧会は、一気に芸術的になり、華やかになった。この企画には、縁の下の力もちをして下さる多くの方たちもいる。心から感謝している。

そして最後はお願いである。展覧会の開催はなかなかお金がかかる。カンパのお願いを含め、23頁に掲げたいくつかのご協力を、切にお願いする次第である。

（二〇〇五・二）

26号◉点描 ―報告と展望―

二〇〇五年の上半期の日々は、「平和のための戦争資料館展」に向けて、怒涛のように明け暮れていった。

十年を優に超える運動の歴史や掲げる旗の大きさ・重さに比べて、これを支えている人的規模や財政がかなり貧弱であることを特徴とする我がグループにとって、この企画は当初の予想以上にきついものがあった。

ただひたすら、観に来てくれた人が「来てよかった」と思ってもらえるものにしたい、一緒に企画を担った仲間が「がんばってよかった」と思えるものにしたいと願い続けた。

四月二六日夕刻、パネルがすべて壁に取り付けられ、借り出した戦争資料が工夫を凝らした展示ケースや台の上に収まり、詩のパネルや絵の額も美しく壁にかかり、ライブラリーとシアターのコーナーも整い、最後まで脚立に乗って照明を調整されていた県芸大の水津先生が脚立から降りられたとき、皆の顔にやっと笑顔が浮かんだ。

反省点は多々あるけれど、運動の展望を何とか開きたいと願って企画したこのモデル展は成功した。二五〇〇人ちかい観覧者があったこと、戦争資料館の必要性を強くアピールできて、多くの方々から好評をいただいたことなどがあるが、何よりも、この展覧会は、私たちの運動に予想を超える大きな実りをもたらした。

その第一は、この展覧会を契機として、貧弱だった我がグループの人的規模が見違えるほどに充実したことである。運動を担う仲間が倍増したのである。嬉しいことに平均年齢もぐっと下がった。最近の事務局会議は賑やかで楽しい。傾けた努力がこういう形で報われたことに私は感動している。

そして、第二は、まさに夢のような出来事であった。

モデル展の搬入日の四月二五日、ライブラリーに並べる図書を運び出すために、事務所に戻った私に、事務員が「先生、すごい電話がかかりました」と言って、一通のメモを差し出した。メモには、「新聞を見ました。名東区に九〇坪くらいの土地をもっています。戦争資料館を建てるのに使ってもらえたらと思い連絡しました。建物を建てるのであれば、一億円くらいは寄付できますが」とあり、欄外には「八四歳一人暮らし」、そして住所・氏名と電話番号。

ビックリしながらすぐ電話をかけると、その主は「戦争資料館なかなかできないそうだねえ、新聞で読みました。土地がちょっと狭いでいかんけど、よかったら使ってもらっていいけど。建物たてるお金も一億円は寄付できるけど」とすごい内容をあっさりと言われた。八四歳とは思えない確かな声だった。

「一度お目にかかりたいですが、これから展覧会が始まるので、できれば展覧会を観て下さって、私たちの考えていることを知って頂いた上で、いろいろお話したい」と言ったら、「二九日昼ごろ行く」と話が早い。正直言って半信半疑だったが、展覧会場に戻ると、黙っていられなくて何人かに話した。みんな目をまるくした。

展覧会三日目の四月二九日は初めての休日で、会場には多くの来観者があった。一一時過ぎ、その方は甥の方と一緒に来られた。小柄で質素な雰囲気のおばあちゃんであった。

展覧会を観られたあと、土地を見に行くことになったが、私は会場を抜けられず、田中十四子さんが自分の車に二人を乗せて出かけて行った。

その土地は、地下鉄一社駅から北へ徒歩で約一二〜三分のところにあり、南道路で間口約一一メートル、奥行き約二六メートルの矩形の土地であった。第二種住居専用地域で、周辺は開けた雰囲気のなかなかおしゃれな感じの街の一角である。その方は、結婚して間もなく夫を亡くされ、定年まで会社づとめをしながら、助産婦や看護婦の資格を取られ、「昼夜働いてきた」と言われる。親から貰ったものではなく、自分で貯めたお金だと言われる。そんな大切なお金を寄付してくださると言われるのだ。

五月、展覧会は無事、盛況のうちに終わったが、私たちは新たに、嬉しくも大きな悩みを抱えた。私たちはいろいろなことを考えねばならなかった。

まず、私たちの運動との関係をどう考えるかである。私たちは長い間、愛知県と名古屋市に戦争資料館をつくらせることを目的としてきた。戦争資料館はその性質上、公的主体がつくるべきであるという基本的な考えがある。また、民間では十分なものはつくれないし、その維持は容易でないからである。「土地と資金の寄付があるから自分たちで戦争資料館をつくることにします」と簡単に言えるものではない。

理事と事務局が悩みながら議論を重ねた末に到達した結論は、次のようであった。

まず、県・市に対して、この寄付を受けて戦争資料館の建設に踏み切るよう強く働きかけよう。県・市がそれを受けた場合、私たちはNPOとして全面的に協力していく。県・市が受けない場合は、私たちNPOがこの寄付を受けて、民間で戦争資料館をつくる方向を積極的に考えていこう。この場合も県・市に公的な戦争資料館をつくらせる運動は継続していく。

以上の基本的考え方を六月二日の理事会で確認したのち、六月七日、塩澤先生と私は、県の県民部長と市の総務局長に面談し、この寄付申し出の内容を正確に伝え、県・市がこれを受けて、早期に戦争資料館の建設に踏み切ってほしいと要請した。県・市は「大変ありがたい申し出であるので、真摯に受け止めて十分検討する」との回答であった。

県・市の回答を待つうちに、季節ははや夏を迎えた。寄贈者は高齢であり、戦争資料館の実現を早く望んでおられる。土地とお金が早く活用されることを望んでおられる。運動のあり方や県・市とのややこしい交渉事などは、寄贈者には関係ないことだ。できれば「ありがとうございます。これで念願がかないます」と言って、素直に寄付をお受けすることが一番よいのだが、やはり私たちの長い運動の経過も大切にしなければならない。ひたすら県・市の回答が待たれた。

八月八日、ようやく県・市から回答があった。「お申し出は大変ありがたく、県・市は鋭意、真摯に検討したが、土地条件などから考えて、県・市がこの寄贈を受けて戦争資料館を建設することは難しい」とのお断りの回答であった。しかし、「これまでになく、上層部が真剣に戦争資料館のことを検討した」「NPOがこの寄贈を受けて戦争資料館を開設される場合は出来る協力はする」との発言も得た。

このような経過で、ボールは再び自分たちのところに戻ってきた。ボールが行ったきりになるよりは戻ってきてくれて嬉しい気持ちと、いよいよ大変なことになるなという心配とがみんなの胸に交錯した。

その間、寄贈者の老婦人と何度か会って話をしたが、そのシンプルでさわやかな、確かな生き方が胸を突いた。これは、誰にも真似のできない生き方であり、私たちは、あまりあれこれ難しいことは考えずに、この好意を素直に受けて、全力をあげて、長年、夢に見てきた戦争資料館を開設すべきだと思った。

県・市に戦争資料館を開設させるという私たちの運動はそのまま続けていこう。しかし、私たちはもう十三年以上も待ってきたのだから、もう座してそれを待つことはない。この寄贈を受けて自分たちの手で戦争資料館を準備的かつ先行的に開設し、市民の立場で戦争資料の収集や展示を行うとともに平和のための活動の拠点として積極的に活動していこう。それは想像以上に大変なことであろうが、私たちは逃げないで正面から取り組んでいこう。展覧会で仲間も増えたのだからがんばろうではないか。

私たちはこの結論をもって、十月二二日の臨時総会に臨み、これを提案し承認を得た。

秋は深まりつつある。終戦から六十年の今年、私たちにとっても大きな節目の年になった。

（二〇〇五・一二）

加藤たづさんへの手紙

加藤さま

さわやかな季節になりました。

先般は、二度も展覧会においでくださいまして、ありがとうございました。

この度の加藤さまのお申し出は、私たちのグループにとって、本当に夢のようなありがたいお話で、なんとかよい形でお受けし、長年の願いであった戦争資料館を実現させたいと皆で話し合っております。

私たちのグループ（ＮＰＯ「平和のための戦争メモリアルセンター設立準備会」という長い名前がついています）は、弁護士の私が事務局長として中心になってやってきたものですが、代表には名古屋大学名誉教授の森嶌昭夫先生、理事には県大の元学長の塩澤君夫先生などがおられます。

また事務局で活動している人は一五人くらいで、看板やあり、印刷やあり、学生あり、先生や公務員を定年退職したものありで、年齢も幅ひろく、さまざまな人で構成されていますが、私とは数十年の付き合いの方たちで、信頼できる者ばかりです。また、そのほかに、会を支えてくださっている会員が一五〇人くらいおられます。

あの戦争のことを忘れないで、未来の平和のために役立てるべきであると考え、今から十二年前に会をつくり、愛知県と名古屋市に戦争資料館をつくらせようと、さまざまな活動をしてきましたが、いまだに実現できないでおります。

私たちは、このたびの加藤さまのお申し出をどういう形でお受けするのが一番よいかをいろいろ考えてみました。

年々戦争体験者が減っていくことや、戦争の資料が失われていくことから、戦争資料館をはやくつくりたいこと、そして加藤さまがご高齢である（ただし、私には九五歳の母が元気でおりますし、加藤さまは大変お元気で、それほどご高齢には思えませんが）ことも考え合わせると、事をできるだけ早くすすめることが重要であると考えています。できるだけ早く建物の建築をすすめ、できれば来年には戦争資料館のオープンにこぎつけ、いま八六歳であられる加藤さまの米寿の記念になれば、加藤さまにも喜んでいただけるのでは……などと話し合っています。

ただし、事をすすめるについて、どうしても考えなければならないのが、県や市との関係です。

私たちのグループは発足以来、県と市に戦争資料館をつくらせる活動をしてきたので、一番よいのは、県や市が加藤さまからの寄付を受けて、あの土地に戦争資料館をつくり、将来も県と市が維持・運営をしてくれる（勿論私たちのグループが協力します）ことだと思います。

ただ、県や市は個人からの不動産の寄付は簡単には受けないし、お役所のすることはすべてに時間がかかり、事がなかなか進まない心配があります。

そこで、私たちが考えたのは、まず県や市に、「加藤さまの寄付（土地と建物建築費）を受けて、あの土地に戦争資料館をつくる気があるかどうか」を短い期限（たとえば今年の七月末まで）を切って打診し、返答を求め、受けるという回答があればそれを進め、受けるという回答がなければ、（今年の八～九月ころには）私たちのグループが加藤さまの寄付を受け、直ちに建築の準備に入り、（来年一月ころには）建築に着工し、（来年中には）戦争資料館をオープンさせるという順序にしたらよいのではないかと考えました。（私たちのグループが寄付を受ける場合は、勿論、加藤さまや長坂先生と十分ご相談しながら事を進めていくつもりです）

私たちは長年県や市といろいろな交渉をしてきた関係で、県や市に対して一定のルートをもっていますので、加藤さまの寄付を受けるかどうかの県と市に対する意向打診は、私たちが加藤さまの窓口になって行うことができます。県や市に早期に結論を出させて、事を前へすめるよう努力したいと思います。

以上が、今日までに私たちのグループが考えたことの概略です。二九日に十分お話し合いをし、加藤さまのご同意が得られた場合は、その手順で事を進めてまいりたいと思います。二九日午前一一時に現地にて、お目にかかることを楽しみにしています。どうかよろしくお願い申し上げます。

二〇〇五年五月二三日

野間　美喜子

戦争と平和の資料館（仮称）建設の経過と展望

十三年間の運動

私たちは、戦争体験者が減少し、戦争資料が散逸し、あの戦争が社会からどんどん忘れられていくことに危機感をもち、十三年前の一九九三年八月、愛知県と名古屋市に戦争資料館の建設を求める運動を始めました。

「戦争の実態、戦争が残した計りしれない教訓を、日本の歴史の中にしっかりと残し、次の世代に伝えることは二〇世紀に生きた人間共通の責務である」（発足アピールより）と考えたからです。

いろいろな活動をしてきました。県議会、市議会への請願（満場一致で採択）をはじめ、シンポジウムや講演会、早期建設を求めるアピールや署名活動、平和を願う絵手紙展など、市民運動として考えられることをほとんどすべてやってきました。県・市は、三度にわたる検討委員会を設置し、建設に向けて基本構想をまとめ、戦争資料の収集にも着手しました。「次は建設場所の選定だ」と私たちの期待は大きく膨らみましたが、建設に向けた県・市の動きは、その後ばったり途絶えてしまいました。

私たちは、運動を失速させないために、一九九七年から季刊誌『承継』を発行し、二〇〇三年四月には組織をＮＰＯにしました。しかし事態は動きませんでした。

資料館建設に向けて

「なんとかして戦争資料館建設への風穴を開けたい」という私たちの思いは強く、終戦六〇年の節目の年である昨年（二〇〇五年）五月、私たちの求める戦争資料館を形にしてみようと考え、矢田の市民ギャラリー展示室二室を借りて二週間、「平和のための戦争資料館展」を開催しました。

この展覧会は二五〇〇人という多くの方に来ていただき、改めて戦争資料館の必要性をアピールできましたが、それにも増して私たちに予想を超える展望をもたらしました。

この展覧会の新聞報道で、戦争資料館がなかなか出来ない現状を知られたある方（八四歳のご婦人）から、名東区の土地と建物の建設資金の寄付のお申し出を受けたのです。

その後、私たちは、この寄付を県・市につなぎ、これを機に戦争資料館をつくってほしいと要望しましたが、やはり受け入れられませんでした。そして、いろいろな経緯がありましたが、二〇〇五年一〇月、私たちはこのご寄付をありがたく受け止め、念願の戦争資料館を自分たちの手で建設し、開設する決意をいたしました。

もとより、所期の目的である県・市による戦争資料館の開設をあきらめたわけではありませんし、要求運動を止めることもありません。しかし、もう座して待つのではなく、部分的であっても、先行的・準備的にその機能を実現していく道を選びました。

私たちは、かつて一九九四年一一月に、私たちのめざす戦争資料館の基本構想を提言したことがあります。そこには、「施設の目的と機能として、第一に、戦争と平和に関する歴史的資料の収集と保存の場として、第二に県民・市民が戦争の事実と平和について学習をし、平和を希求する思索と行動の発信の場として、第三に平和に関する国際交流、情報の収集と発信、市民・諸団体の交流の場として、第四に戦争と平和に関する調査・研究の場として、第五に戦争犠牲者に対する追悼・祈念の場として、十分な機能を果たすことが望まれます」と書かれています。

もとより、このたび私たちが建設・開設しようとしている施設は、民設・民営のささやかなものであり、上記に掲げた理想の機能を十分に果たせるものではありませんが、目指す心は同じでありますから、部分的であっても、不十分であっても、それらの機能を追及していきたいと思っています。これから多くの方々のご協力を仰ぎながら、早期の開設をめざして努力したいと思います。

（「建設ニュース」1号、二〇〇六・四）

Ⅳ

希望を編む・平和をつむぐ

――「ピースあいち」とともに

「ピースあいち」開館のごあいさつ

皆さま、今日はお忙しい中を、「戦争と平和の資料館ピースあいち」の開館式にご臨席くださいまして、ありがとうございました。

念願の戦争資料館、遂にオープン致しました。この日を迎えるまでには、長い年月とさまざまな曲折がありましたが、皆さまのお陰で、それらを乗り越えることができ、「戦争と平和の資料館ピースあいち」は確かな一歩を踏み出しました。

思い返せば、二年前、加藤たづ様から、大きなご寄贈のお申し出があったとき、正直に申し上げますと、私たちには、驚きと嬉しさと戸惑いが同時にありました。私たちは協議の結果、このご寄贈を、まず愛知県と名古屋市につなぎましたが、お受け頂けませんでした。そのあと、私たちは、「いったい自分たちで、戦争資料館がつくれるのだろうか、維持していけるだろうか」と大変悩みました。しかし、長い間、求め続けてきた戦争資料館ができる最大のチャンスを受けないことはありえないという結論に達しました。この結論にたどり着くために、大きかったのは、全国にある平和ミュージアムの存在とそれらに携わっておられる方々の励ましでした。今日も、東は東京から西は岡山まで、あちこちの平和ミュージアムの関係者が駆けつけてくださっています。心配でほっとけないということで来てくださったと思います。

私たちの決意は、「ご寄贈のお話があってから二年で開館する」ということでした。これは寄贈してくださる方の年齢を考えた私たちの決意でした。

私たちは、スタートしました。事務局約二〇名、理事全員あわせても三〇人です。最初はとても心細かったです。しかし、ことを始めてすぐに判ったことがあります。私たちは、同じ思いの何千何万という多くの人たちに囲まれているんだ、多くの人たちに支えられているという実感が日に日に伝わってきました。

私たちは、決して孤立してはいませんでした。

このピースあいちをつくる過程で、それはそれは予想しないほど多くの方に、物心にわたるご支援をいただき、またさまざまな分野でお力をお貸しいただきました。

今日ご臨席いただきました方々をはじめ開設資金に募金してくださった多くの方々、机、います、事務機器や備品を下さった方、大切に保存してこられた貴重な資料を寄贈してくださった方、平和のお地蔵さまをお迎えしてくださった方々、パネルづくりに専門的な助言をして下さった先生方、建物の設計や建築工事をはじめ展示関係の設計や工事に誠意をもって取り組んでくださった方々、この資料館のことを理解し、正確にしかも暖かく報道してくださったマスコミ関係の方たち、もうお礼を述べ始めたら述べきれないほど多くの方のお世話になりました。

まさに市民の手づくり、多くの市民の力が一つ一つ積み上げられてできた資料館です。このことはピースあいちのかけがえのない財産であり誇りであります。それらの方々に、運動を担ってきた仲間を代表しまして、言葉には尽くせない感謝の気持ちをこめて、あつくお礼申し上げます。本当にありがとうございました。

ピースあいちは、平和を願う多くの市民に支えられてこそ、存立する施設です。どうかこれからもよろしくご支援くださいますようお願い申しあげ、お礼のご挨拶とさせていただきます。

（二〇〇七・五・四）

願いは、資料館の「普通の日々」

思えば、怒涛のように明け暮れて行った一年半の開館準備の日々、何事もなく無事にオープンできますようにと祈るような思いで過ごした開館直前の日々、遠くからも近くからも駆けつけて開館を祝ってくれた多くの人々に囲まれた、あの五月晴れの開館日。

そして、それに続いたしばらくの間の、想像を超えた賑わいの日々……。実は、開館準備が大変だった頃、私は開館後の大変さをあまり切実に想像できなかった。準備のための「今」を乗り切ることに必死だったせいか、開館したら、またいろいろ考えながらやっていこうという気持ちで、あまり心配していなかったのだ。

しかし、それは違っていた。来館者が予想をはるかに超えたという嬉しい誤算だけではない。一つの施設を円滑に動かしていくことは生易しいことではない。まして、初動の時期にはもっと十全の用意を整えておくべきだった。専従の松本銀子さんの獅子奮迅の働きなくして、あの開館後の一カ月を無事に乗り切ることはできなかっただろうと思うと、館長の見通しの甘さを恥入る思いである。

しかし、はや数カ月がたち、今、ピースあいちは、ボランティアさんの強力な支えを得て、資料館の「普通の日々」が始まりつつある。まだ、思いがけないことが時々に起きるけれど、それでもみんなが少しずつ慣れて、少しずつ調子がつかめてきた。これは何でもないようで、実は大変なことなのである。

ピースあいちが財政的にも安定し、充実した展示や催しが展開でき、来館者が日々平均五〇人くらいあって、資料館の「普通の日々」が続くこと、これが館長の願いである。この資料館が健全に存続できる間は、日本にファシズムはないだろうと思うからである。

（「ピースあいちニュース」2号、二〇〇七・八・一五）

ピースあいちの二年目に向けて

二月九日午前、今年初めて名古屋の空に降りしきった雪は、中部空港に赤や青の尾翼を立てて停まっている旅客機をみるみるうちにぼかし絵のように美しくみせた。この日、ピースあいちの沖縄調査団一行八人は、四月末から開催予定の沖縄特別展の準備のために、満を持して沖縄へ乗り込むべく、空港に集合していた。出発の遅れを告げるアナウンスに、予定通り飛べるかなと心配したが、幸い大きな遅れもなく、一行は、間一髪、雪の名古屋を脱出し、沖縄へ向かった。

嘉手納《かでな》基地、普天間《ふてんま》基地、沖縄県平和祈念資料館、ひめゆり平和祈念資料館、平和の礎《いしじ》、摩文仁《まぶに》の丘、チビチリガマ、糸数壕《いとかず》、南風原《はえばる》文化センター、佐喜眞《さきま》美術館などを巡り、さらに平和研究所に大田昌秀元沖縄県知事を訪ね、沖縄国際大学へ行って石原昌家先生に会うという超過密スケジュールであったが、沖縄戦について新しい発見をし、沖縄の抱えている問題の大きさに触れ、展覧会に向けての資料提供や協力の依頼もメドをつけた。疲れたけれど充実した二泊三日の旅を終え、一一日夕刻、一行は雪がすっかり消えた名古屋へ戻ってきた。

思えば、去年の二月は、展示パネルの仕上げの時期であり、開館に向けて「あれもこれも」の日々であった。今年は、新しい仲間も増え、日々の運営もまずまず軌道に乗り、企画も充実しつつある。財政的にはまだまだ弱体であるが、来館者をはじめ多くの人たちの支援や励ましもある。

しかし、開館二年目になる今年は「ピースあいち」にとって真価が試される年でもある。沖縄特別展をはじめ多くの企画を成功させ、過去を学ぶことが今の平和を考えることに繋がり、「ピースあいち」が平和に向けて行動する手がかりの場になれるかどうかが問われる年になるだろう。誰かが「三六五日文化祭をやってるように忙しい」と言ったが、これからも、みんなで終わりのない「平和のための文化祭」を、できれば楽しくやっていきたい。

（「ピースあいちニュース」3号、二〇〇八・四・一）

多くの方々に支えられて　―開館一周年の日のスピーチ

ピースあいちがオープンして一年が経ちました。多くの方がお祝いに駆けつけてくださいまして、ありがとうございます。スタッフ一同にとって、この一年は大切な一年でありました。すべてのことが初めての体験なので右往左往しながら、ここまで辿りつくことができました。馴れないスタッフを支えて下さったボランティアの皆さん、会員の皆さん、そして支援者の皆さん、本当にありがとうございました。

こうして一年が過ぎて気がつくと、このピースあいちは一つの家であり、そこに関わる人たちは一つの家族のようになっていました。一年間の来館者は一万二千人を数えます。いろんなグループにも来ていただきました。県内はもとより三重県、岐阜県からも来てくださいました。催し物も盛り沢山にやってきました。こうした催し物は、特定の人が音頭をとってやったものではなく、多くの人がそれぞれの得意分野の企画を持ち込んで開催して下さいました。

私たちにとって、この建物が平和を愛する人々の自由な交流の場になることが大きな夢でしたが、それが実現しつつあります。多くの企画をとおして新しい出会いがあり、ピースあいちの運動の輪をさらに広げることができました。

今日から「沖縄から戦争と平和を考える」というテーマで様々なイベントが予定されています。戦争と平和の問題を考えるとき、「沖縄」のことは大変重要なのですが、二階の常設展ではスペースを十分に取ることができませんでした。このたびは、沖縄をテーマに真正面から取り組みたいと考えました。私たちは沖縄のことについてあまりにも知りません。憲法九条の改訂の動きがある中で、沖縄戦のこと、沖縄の基地問題を考えることは極めて大切なことと思います。私たちは沖縄の現実を自分たちのこととしてとらえ、約一〇カ月をかけて学習を重ねてまいりました。

今日から二年目に入ります。一同、決意を新たにしているところです。この企画展に多くの来館者があることを願い、私の挨拶とさせていただきます。

（二〇〇八・八・一五）

希望を編みあわせる場所として

ピースあいち一階展示の一番最後（窓際のところ）に、「希望を編みあわせる」という詩のパネルがあるのをご存知ですか？　これは、二〇〇六年の暮れ頃、ピースあいちの展示制作の最後の追い込みをしていたとき、すべての展示の最後にピースあいちにかける私たちの思いを伝えるメッセージパネルを置こうということになって、みんなで選んだものです。

当時、ピースあいちの開設に関わってきた事務局メンバーは、今よりずっとわずかで二〇人くらいでしたが、これぞと思うものを持ち寄りました。どれも素晴らしい詩や言葉だったのですが、みんなで投票した結果、斎藤孝さん推薦の「きけわだつみのこえ」の冒頭メッセージと私の提案したこの岩川直樹さんの詩「希望を編みあわせる」が決戦投票に残り、最後にこの詩が選ばれました。事務局のみんなが私に華をもたせてくれたのかもしれませんが、この詩を掲げることができて、とても嬉しかったことを覚えています。メールマガジン創刊にあたり、それをご紹介しましょう。

希望を編みあわせる

岩川直樹

人類の歴史は
暴力の歴史だという人がいる

でも、人類の歴史は
平和を願ってきた人たち
平和をつくろうとしてきた人たちの歴史でもある

これまで
平和を願って死んでいった
数え切れない人たちの希望に
いま

平和をつくるために
なにかをしようとしている世界中の人たちの希望に

わたしたちの希望を
　　編みあわせていこう

今、この詩を紹介するのは、オープンから二年半、ピースあいちには、この詩の言葉どおり、私たちは平和を願う多くの人たちと、まさに「希望」を編みあわせてきたという実感があるからなのです。

長い間、戦争資料館をつくろうとがんばってきたスタッフ、資料館のレベルアップに力を貸してくださっている学者や研究者の方たち、資料館などに関わったことは初めてという多くのボランティアさん、ＮＰＯ会員として支援してくださっている人たち、折に触れてカンパをくださる協賛者の方たち、取材や報道をとおして協力してくださるマスコミの関係者、その他さまざまな局面で応援してくださる隠れた協力者たち、そして決して交通至便とはいえないピースあいちへ絶え間なく来て下さる来館者の方々、それら多くの「平和をつくるためになにかをしようとしている人たち」の「希望」が、このピースあいちという場所で編みあわされている……。

未来は不透明で、時代は明るいとはいえないけれど、多くの人々の平和への希望を編みあわせながら、ピースあいちはこれからもがんばっていきたいと思います。

（二〇〇九・一二・二六）

主権者の決意　―原発問題を考え、行動しよう

いま、日本人は大きな試練を受け、岐路に立っている。福島での原発事故を契機に、これまで、政府、電力会社、マスコミによって作りあげられた原発の安全神話を信じていた多くの人が、原発をめぐるさまざまな問題に気づき始めた。原発事故は起きる、被害は甚大だ、放射能はいやだ、原発は止めたい、そう思い始めた人は多い。だが、その声が束になり、然るべきところへ届き、国の政策へと繋がるのだろうか？

この国では、国民が自分の思いを政策に反映する道を長らく見失ってきた。そのため、多くの国民は、重大なことでもあまり考えないようにし、考えても言わないことにし、行動しないことを習慣にしている。ネットの情報によれば、ドイツで、福島の子どもたちが年間二〇ミリシーベルトを基準に暮らしていることは危険だとアピールするために、大規模なデモが行われたとのことである。日本との違いにただ驚くばかりである。

かつて日本が戦争に向かっていった時代、やはり国民はものを言わなかったし、行動しなかった。見えない力に流された。そして、結果はすべて国民にはね返り、国民が引き受けざる

を得なかった。七十年近い歳月を経ても、この国には、同じような空気が漂い、国民のなかに同じような気質が生き残っているように思える。だが、今はあの時とは違う。かつては、ものを言えば、内容によっては牢へ繋がれた。デモはもとより集会もできず、自由に書くこともできなかった。しかし今は、自由にものが言える。書くことも、デモをすることもできる。情報は、いまなお操作されたものが多いが、その多様化により、努力すれば少しは真実に近づくことができる。だから、知らない、考えない、言わない、行動しないことに言い訳はできない。騙す者の責任はもとより重いが、騙される者にも責任が生じる。

確かに今でも、自分の考えを政策に結びつけることは容易ではない。しかし、黙っていたら、何も行動しなかったら、ますます騙され、流されてしまうことだけは確かだ。原発問題は「世代を超えた命に関わる問題」である。気が重いことではあるが、国民は、この問題としっかり向き合い、よく知り、よく考え、そして行動しよう。忙しくてデモには行けない人も、次の選挙のときは、必ず候補者に原発についての考えを質そう。そして自分の考えに合う政治家を選択しよう。憲法が保障している権利を使い、民主主義の国の主権者らしく行動しよう。そして日本が放射能の恐怖から解放される日がきたとき、福島での犠牲は初めて意味を持つことになる。

（二〇一一・五・二二）

開館五周年の夏を終えて

ピースあいち開館五周年の夏は、七月二八日の「原爆の図展」のオープニングで幕を開けました。しかし、チラシ・ポスターの作成、広報、前売りチケットの販売、絵の受け入れ準備など、スタッフの「五周年の夏」は、すでに五月から始まっていました。長い夏でありました。

八月に入ると入館者が日ごとに増え、館は賑やかに、そして忙しくなりました。一一日の天野鎮雄さん、山田昌さんの朗読会は早くから七〇席が完売となり、多くの方にお断りし、申しわけないことになりました。本邦初演でしたが、お二人の名優を通して、丸木夫妻の生きる姿勢が深い感動を呼び起こしました。

並行して、恒例の「戦争体験を語る会」も一〇日間にわたって開催され、八月一五日をはさんで「あいち平和のための戦争展」にも出展しました。宿題を抱えた子どもたちが二階の常設展示を熱心にみてくれる姿も印象的でした。

また、八月二四日から三日間にわたって行われた「戦災・空襲を記録する会全国連絡会議あいち大会」は、ピースあいちのスタッフ全員が総力をあげて取り組みました。全国から一五〇人を超える仲間が集まり、充実した大会になりました。

そして八月三一日には、三十三日間の「原爆の図展」がフィナーレを迎えました。「少年少女」「とうろう流し」の絵は、ピースあいちのあの場所にすっかり馴染んでしまって、お返しするのが残念で、淋しい思いがしました。スタッフやボランティアさんたちも同じ思いで集まってきて、皆がもう一度絵をみながら、さまざま語り合いました。

八月の総来館者数は二五八〇人、「原爆の図展」は二二九六人が観てくださいました。「五周年記念募金」も目標額を超えるご寄付が集まり、各種イベントをはじめ館内整備も予定どおりすべて実施することができました。

五周年の夏は、大変暑く、そして熱い夏でしたが、このように充実し、無事に終えることができました。来館者の皆さま、支援者の皆さま、ボランティアの皆さま、スタッフの皆さま、本当にありがとうございました。

（二〇一二・九・二五）

五月、そして憲法　―九六条改憲問題

　憲法記念日の五月、連休もある五月、ピースあいちが開館した五月、そして自分の誕生月でもある五月。空は青く、緑が萌えて、何かいいことがありそうな……一番好きな月。にもかかわらず、今年はそんな気分でない。政治が悪すぎる。憲法が変えられそうで危ない。原発再稼働の動き、ＴＰＰ交渉への参加……。見たくない人ばかりが出てくるので、テレビを見る気もしない今日この頃。

　歴史的にみれば、これまで改憲の危機は何度もあった。九条改憲はずっと政権を握ってきた自民党の悲願だったから、当然のことながら、多くの国民は警戒してきた。しかし驚いたことに、今回は九六条の改憲が出てきた。これまで自民党でも、憲法九六条を変えるなんてことを言い出した人はなかった。これほどズルくて、さもしくて、邪道な改憲を思いつく品性の持ち主は、さすがに歴代自民党にもいなかったのだろう。ところが、である。安倍晋三という人は、全く恥ずかしげもなく、得意満面これを出してきた。だから今、私たちは、いやおうなく、この問題に立ち向かわねばならなくなった。

私は、数カ月前から、九六条改憲に反対する論拠をできるだけ多く集め、そのなかから、国民にわかりやすく端的に言い表しているものを探し出そうとしてきた。その幾つかを紹介しながら、問題を整理してみようと思う。

憲法の本質論から

まずは、憲法の本質からのアプローチである。

「立憲主義とは国家権力を縛ること。多くの人が勘違いをしているようだが、憲法は国民の権利を制限するものではないし、法律の親分でもない」(伊藤真「中日新聞」二〇一三年三月二日)

「憲法は国民が統治者を規制する最後のよりどころ。半数を超えた程度の数の国会議員が、その他の反対を押し切って改定に乗り出すことでいいか。そんな改定案を示して国民に賛否を問うことが、主権者・国民を尊重した態度と言えるか。その案が国民投票で過半数の支持を得たとして、最高法規としての信頼性や安定性は十分か。国民が表明できるのは賛否だけであり、条文の内容に意見を言うことはできないからだ。広範な国会議員が十分に論議し、国民の熟慮に耐え、かつ多くの賛成が得られる案を示す―それこそが国会の使命であろう」(「北海道新聞」山崎隆志論説委員)

「近代憲法の使命は、ときの権力の手足を縛り、国民の基本的人権を守ることにある。それゆえ憲法は、ときの権力が自己に都合よく憲法を変えることをあらかじめ防ぐべく、改正の手続を厳格にしているのである。したがって、安倍氏のいう「過半数」への改変は、その時々の権力者の恣意を招きやすくするという意味で到底許されるものではない」（小笠原猛「ちゅうおう」第二九号）

「縛られた当事者（権力者）が『やりたいことができないから』と改正ルールの緩和を言い出すなんて本末転倒」（小林節「毎日新聞」二〇一四年四月九日夕刊）

単純多数決の危険性から

中日新聞五月三日の社説では、さらに意味深い指摘がある。単純な国民の多数決による危険性にふれたものだ。

「たとえ、国民が選んだ国家権力であれ、その力を濫用する恐れがあるので、鎖で縛っているのです。また日本国民の過去の経験が現在の国民をつなぎとめる鎖でもあるでしょう」「民主主義は本来多数者の意思も少数者の意思も汲み取る装置ですが、多数を制すれば物事は決められます。今日の人民は明日の人民を拘束できません。今日と明日の民意が異なったりするからです。それに対し、立憲主義の原理は正反対の働きをします」。ここで憲法学者の樋口陽一教授の言葉を引いている。

「確かに国民が自分で自分の手をあらかじめ縛っているのです。それが今日の立憲主義の知恵なのです。国民主権といえども、服さねばならない何かがある。それが憲法の中核です。例えば一三条の「個人の尊重」などは人類普遍の原理です。近代デモクラシーでは立憲主義を用い、単純多数決では変えられない約束事をいくつも定めているのです」「人間とはある政治勢力の熱狂に浮かれたり、しらけた状態で世の中に流されたりします。そんな移ろいやすさゆえに、過去の人々がわれわれの内なる愚かさを拘束しているのです」「首相は九六条の改正に手を付けます。発議要件を議員の三分の二から過半数へ緩和する案です。しかし、どの先進国でも単純多数決という〝悪魔〟を防ぐため、高いハードルを設けているのです。九六条がまずいけにえになれば、多数派は憲法の中核精神すら破壊しかねません」

外国の改正手続きをみる

次に諸外国の改正規定を見てみよう。

朝日新聞は二〇一三年三月一三日の社説で、「三分の二の意味は重い」という題で比較表を掲げて諸外国の憲法改正規定について、「大多数の国は厳しい制約を課している」と書いている。

二〇一二年三月一四日付で日本弁護士連合会が出した「憲法第九六条の発議要件緩和に反対する意見書」は、以下のように諸外国の改正手続きを詳しく紹介している。

「日本国憲法第九六条と同じように、議会の三分の二以上の議決と必要的国民投票を要求している国としては、ルーマニア、韓国、アルバニア等がある。ベラルーシでは、議会の三分の二以上の議決を二回以上要求し、さらに国民投票を必要とする制度である。フィリピンでは、議会の四分の三以上の議決と必要的国民投票を要求している。日本国憲法よりさらに厳しい要件である」「国民投票を要しない場合にも、再度の議決が要求されるものや、連邦制で支邦の同意が要求されるものなど、さまざまな憲法改正手続きを定める憲法がある。例えば、イタリアでは、同一構成の議会が一定期間を置いて再度の議決を行い、二回目が三分の二未満のときには要求があれば国民投票が行われる。アメリカでは、連邦議会の各議院の三分の二の賛成と四分の三の州議会の承認を必要とする。なお、ドイツでは議会の三分の二以上の議決、フランスでは国民投票又は政府提案について議会の議決と両院合同会議による再度の五分の三以上の議決によって憲法が改正される」

このように厳しい改正要件であっても、多くの国では、これまで多くの憲法改正がなされている。アメリカは戦後六回、ドイツは五十九回、イタリアは十六回、フランスは二十七回、韓国は九回だそうである。外国では、要件が厳しくても、必要な憲法改正はなされている。「九六条の要件が厳しすぎるから、日本ではこれまで憲法改正がなされなかった」などというのは、全くのウソであることが判る。

政権を担う政党が、このようなすぐにばれるウソをつくとは全くひど過ぎる。

日本では、国民が憲法改正の必要を認めず、憲法改正を望まなかった結果にほかならない。

九六条改憲論を論破！

以上を踏まえたうえで、九六条改憲論をみてみよう。

「九六条は、国民が憲法を改正するべきかどうか、主体的に参画する機会を奪っている」「国民の六〇〜七〇％が変えたいと思っても、国会議員の三分の一をちょっと超える人たちが反対すれば、指一本ふれることができない。これはおかしい」という。言い分はこれしかないようだ。反論しよう。

世の中には、重要なことを決するには構成員の三分の二以上の賛成を必要とするというルールは実に多い。組織や団体の基本を変えるときなど、重要な事項の決定は三分の二の特別決議を要件にしている。会則の改正、定款の変更などは当然特別決議である。会社法をみると、株主総会で特別決議を要する事項はずらずら並んでいる（定款変更、事業譲渡、組織変更、合併、解散……）。これらは、安倍さん曰くの、「いずれも三分の一をちょっと超える人たちが反対すれば、指一本触れられない」ことになっているのだ。組織の基本に関わる重要事項は、十分議論して、三分の二以上の人たちの賛成を得てやる。三分の二以上の人たちを説得できないことは止めようというのが長い経験からくる人間集団の知恵であり、世界的に認められているルールでもある。

安倍さん！「これらは全部おかしいのですか？」普通のルールを「おかしい」と感じる人は、その人の方が「おかしい」と思いますけど……。

国会の発議要件が厳しくなければならない理由は、ほかにもある。選挙制度の問題がある。現行の選挙制度では、「衆院選は、小選挙区導入により過去三回、第一党が四割の得票で七割の議席を獲得した。さらに要件を緩和すれば、国民の少数意見で改憲案が国民に発議される可能性がある」（衆議院憲法審査会での民主党武正公一の発言）。

国会は往々にして国民の多数意思を正しく反映しない。選挙では、一つ一つの政策や考え方で人を選ぶことができないからだ。公約はパッケージになっており、抱き合わせで選ばされる。パッケージで多数をとったからと言って、政策別でみれば多数をとったとは言えない場合も多い。「過半数決議」では全く危ういのである。大盤振る舞いの経済対策を約束して選挙に勝ち、悲願である九条改憲を発議するためには、何としても発議要件を緩和したいのだろうが、それこそ邪道で、「おかしくありませんか?」

しかも、それを、「国民が憲法を改正するべきかどうか、主体的に参画する機会を奪っているから」とか、「国民の六〇〜七〇%が変えたいと思っても、国会議員の三分の一をちょっと超える人たちが反対すれば、指一本ふれることができないから」などと、あたかも「国民を重んじ、国民の意思を尊重するために九六条を改正するのだ」と言わんばかり(言っている)を聞くと、もっと言いたくなる。「いつ国民の六〇〜七〇%が憲法を変えたいと言いましたか?」「早く発議してもらわないと困ると言いましたか?」「変えたくて変えたくて仕方ないのは、国民でなくてあなたたちでしょう」「そんなに国民を重んじてくれるのなら、まず国民の圧倒的多数が望んでいる脱原発からやってください」「再稼働も国民の六〇〜七〇%が反対していますけど……」そういうことになるだろう。

九六条改正論者は「最後は国民投票があるからいいではないか」ともいうが、「常に住民投票を敵視し、潰してきたのは一体誰ですか?」ご都合主義なのか、それとも発議さえしてしまえばこっちのもの、過半数の国民は必ず賛成すると踏んでいるのか、日本国民もひどく馬鹿にされたものだ。

三分の二発議要件の合理性

最後にもう一つ、考えてみよう。なぜ国会議員の発議が三分の二以上で、国民投票が過半数なのか。これには二つ理由が考えられる。

一つは、権力との距離関係である。国会は国民に比べて、絶対的に権力に近い位置にある。議院内閣制をとっている日本では、政府を構成して権力を行使するグループは通常の場合、衆議院の過半数を占めている。だから国会の多数決(過半数)では政府の暴走を止められない。「同じ穴のむじな」だからである。政府と一体の国会が過半数で憲法改正の発議ができるならば、時の政府はいつでも憲法を自分の都合のいいものに変える発議ができてしまう。それでは困るのである。憲法が権力の暴走を防ぐためにある以上、権力により近い国会の要件が国民投票より厳しいのは当然である。

もう一つは、憲法改正の内容を議論できるのは国会であって、国民ではないからだ。国民は発議された改正案に賛否を投じることしかできない。三分の二要件は、国会で十分な議論が尽くされるための担保として存在する。三分の二の国会議員の賛成も得られない内容のものを国民の前に投げ出さないためである。

終わりに

終わりにもう一つ、私が気になっている疑問を書く。それは「憲法九六条を憲法九六条の手続きで変えることができるのだろうか？」という疑問である。

この憲法は、そもそも制定されたときに、「この憲法は、『各議院の総議員の三分の二以上の賛成による発議』と『国民投票の過半数の賛成による承認』がなければ変えられませんよ」と決められている（運命づけられている）のではないかということなのだ。それこそ、先に紹介した樋口先生の言われる趣旨のように、九六条は、「悲惨な戦争を体験した過去の国民が、未来の国民の起こすかもしれない妄挙を防ぎ、人類普遍の原理が末永く保持されるように、厳しい改正要件を課したもの」であって、この憲法が存在する限り（この憲法を全否定しない限り）、この改正要件自体を変更することはできないと考えるべきではないかと思うのである。

この憲法を全否定するのであれば、それはもはや「革命」であって「改正」ではない。憲法九六条は、現憲法を前提にする限り、変更できないものではないかと思うのである。樋口先生の指摘はこの見解に近いように思うが、直裁には書かれていない。ほかには、あまり論じられていない（朝日新聞の記事で一度見たような記憶があるのだが、切り抜きがどうしても見つからない）ので、私としては、もう少し勉強したいと思っている。

ちなみに、そのように考えると、自民党が現在出している「自主憲法案」は、現憲法を全面的に作り直す（全否定する）ものであるから、改正手続きになじまない（改正手続きでは変えられない）性質のものではないかと思うのである。

自民党は、それこそ大嫌いな「革命」をやる気なのか？　しかし、政府も国会議員も、現憲法の遵守義務（九九条）があるから、いくら多数を取っても「憲法の全否定＝革命」はできませんよ。だから、ひょっとすると、その憲法遵守義務（九九条）を先に変えると言い出すかもしれませんね。

今回は九六条改憲について、集めた情報や意見を整理して考えてみたが、安倍晋三の本命は九条改憲にあることは明らかである。これについても、いつか遠くない機会に反論がきちんと書けるよう、準備しておきたいと思う。

（二〇一三・五・一二）

希望はつながっていく

「戦争は秘密から始まる」と言われます。本当のことが国民から見えにくくなったとき、戦争の影が忍び寄ってくることは、多くの歴史が示しています。

安倍首相は、「国家の秘密を保護しなければ国の安全が守れない」と言っていますが、戦後六十八年間、日本に秘密保護法はありませんでした。そのために日本が危うくなったことがあったでしょうか。日本が危ういのは、まず、五十二基の原発と大量の核のゴミがあることであり、国が尖閣諸島を買ったり、慰安婦問題を否定したり、総理大臣が靖国神社を参拝したりすることで、近隣諸国との緊張を招くからではないですか。集団的自衛権と称して、地球の裏側へ自衛隊が出ていくようになったら、それこそ日本は危うくなります。

自民党が相対多数をとって政権に就いていますが、国民は自民党に、まして安倍首相に白紙委任状を与えたわけでは決してありません。秘密保護法、国家安全保障基本法、集団的自衛権、教育改悪、原発再稼働などなど、国民はその意思を選挙で問われたことはないし、多数が賛成したという事実は一切ありません。一体何を根拠にそんな暴挙ができるのでしょう！何か「勘違い」しているとしか考えられませんが、政治が「勘違い」で動くとすれば、これほど恐ろしいことはありません。

それなのに、安倍内閣の支持率が、「経済政策に期待がもてる」という理由で高止まりしているのは、どうしたことなのでしょう。「今だけ」「カネだけ」「自分だけ」という禍々《まがまが》しい「三本のたけ」が日本中に生え広がってしまったのでしょうか。そうは思いたくありません。日本の隅々で、国の右傾化の動きに抵抗するさまざまな活動が展開されています。一つひとつは小さな活動であっても、希望はつながっていきます。平和憲法下で育くまれた民主勢力の力量が今こそ試されています。何としてもこの苦境を乗り越えましょう。

（「ピースあいちニュース」16号、二〇一四・四・一）

「物を言う」ということ ―「新年雑感」

みなさま、明けましておめでとうございます。

戦後七〇年の節目の年がスタートしました。あの戦が終わって七〇年経ったということは、戦争を知る世代にとってはやはり感慨深いものがあります。考えてみれば、明治維新（一八六八年）からあの敗戦（一九四五年）までが七七年だったのですから、戦後、それとほぼ同じ長さの歳月が流れたことに何か痛切な思いがあります。

人生における記憶は五～六歳ころから鮮明になると言われますが、一九四五年に六歳だった私の人生の記憶も「あのとき」がスタートで、その後の七〇年間、良いことも悪いことも全部みてきたことになります。

「平和だった七〇年」といえば確かにそのとおりで、七〇年間、日本は戦争をしなかったし、戦争に巻き込まれたこともありませんでした。しかし、何ごともなく平和が不動のものとしてそこに存在したわけではなく、時代は常に揺れ動き、そこには国民の血みどろの闘いや多くの犠牲があった七〇年だったと思います。この国から多くの「佳きもの」が失われた七〇年でもありました。

記憶のスタート地点の景色は不思議なくらい鮮明です。

ワラ半紙を折ったような教科書、憲法が発布された日の旗行列、お弁当を持って来なかった友だち、焼け野原の東京の街、駅で黒い群れをなしていた戦災孤児、アコーデオンを弾いていた傷痍軍人、ラジオから流れてくる「鐘の鳴る丘」、「尋ね人の時間」……。

疎開先の三重県亀山は、国鉄の関西線と参宮線の分岐するところで、駅には大きな機関区があり、昭和二〇年代、いつも赤い旗が林立し、インターや労働歌が終日鳴り響いていました。働く者が搾取する者に対して誇り高く闘っているというイメージでした。その後も、メーデー事件、大須事件、三井三池の労働争議、砂川反基地闘争、安保条約改定反対闘争、四大公害訴訟……七〇年の前半期は押し寄せる反動化、経済化の波に対する国民の高揚した闘いがありました。

その後、日本は高度経済成長を遂げ、七〇年の後半期、豊かになった国民は静かになり、おとなしくなりました。戦時下の欠乏が身に沁みていた国民は、単純に「豊かなことはいいもんだ」と思っていたのかもしれません。

しかしこの時期、権力は着々と国民の抵抗勢力を弱体化させていきました。

国鉄の民営化、日教組への弾圧、総評の解体、マスコミの懐柔、学術会議と日弁連の変質化、……権力はまことに巧みだったと思います。

人々の暮らしも大きく変わっていきました。都市への集中、地方の過疎化、自然の荒廃……、第一次産業は衰退し、個人商店は壊滅し、地域社会は崩壊しました。非正規雇用という新たな労働の仕組みが出現し、経済格差は拡大し、ワーキングプアというかつてなかった言葉が生まれました。IT革命とやらに足をすくわれた子どもたちは、今や「スマホの奴隷」になっています。テレビは、歌謡曲、野球、サッカー、そしてお笑い、バラエティと、面白おかしい番組ばかり放出し、何も考えない国民を大量生産してきました。そして権力は仕上げに小選挙区制度を導入しました。

多くの国民が「こりゃ、違うぞ」「これは何か変だ」とようやく気づき始めたのがこの数年でしょうか？　全国に九条の会が生まれ、震災を機に脱原発も国民の多数になりました。沖縄の辺野古では戦いが続いています。しかし他方、権力はいよいよ本音を露わにしてきています。教育基本法を変え、武器輸出を解禁し、特定秘密保護法をつくり、集団的自衛権行使の閣議決定をし、いよいよ憲法という本丸に迫ろうとしています。国民は少しずつ覚醒してきていると思いますが、まだまだ押されています。昨年末の総選挙でも安倍自民党に多数の議席を与えてしまいました。

「ファシズムへの道は物言わぬ善意の市民が踏み固める」といわれます。あの投票率の低さは、まさに物言わぬ市民がファシズムへの道を踏み固めている姿に見えます。しかし、物言わぬ市民は、決して「善意」ではありません。知ろうとすれば情報があふれている時代にあって、不知や無関心は「無責任」であり、「保身」というエゴであり、「悪意」とさえいってもいいでしょう。不知や無関心自体が、政治的・経済的につくられている現実があることは否定できませんが、だからといって、それらの人たちによってファシズムへの道が踏み固められていくのを座視するわけにはいきません。その現実を放置すれば破滅への道をたどるばかりです。では、どうすれば、黙する人たちの心に呼びかけ、言葉を届け、ともに希望の道を歩めるのか、答えはなかなか見つかりませんが、これが戦後七〇年を超える「時代の課題」であることは明確です。

私たち非力な市民は、権力と直に対決することは困難ですが、ファシズムへの道を阻止する市民の輪を広げていくことはできます。物を考える仲間、物を言う仲間を少しでも増やしていく地道な活動はできます。むしろ私たちの本領でもあります。市民がファシズムを阻止する道はこれしかなく、これが最後には勝つ道だと信じています。ピースあいちは今年も多彩な展示やイベントを展開し、人々の心に呼びかけ、言葉を届け、ともに考え、ともに希望の道を歩む決意です。どうか、今年もよろしくお願いいたします。

（二〇一五・一・二五）

竹内浩三への挽歌

竹内浩三は、生きることを切望しながら、自分の死後を見つめていた人である。そして自分が死んでしまって忘れられることを一番怖れていた。

その年の一〇月入隊することが決まっていた一九四二年二月、『冬に死す』のなかで、

なんにもしなかったから
ひとは
すぐぼくのことを忘れてしまうだろう
いいの
ぼくは
死んでいくよ
ひとりで

こごえた蛾みたいに

と詩《うた》っている。本当に忘れられて「いいの」なら、こんな詩は書かない。

同年八月の作『骨のうたう』のなかでも、「帰っては　きましたけれど　故国の人のよそよそしさや　自分の事務や　女のみだしなみが大切で　骨を愛する人もなし」「骨は聞きたかった　絶大な愛情のひびきを　聞きたかった　それはなかった」と言う。

「人一倍さびしがりやだった」と友人たちがこぞって言う竹内浩三は、二〇歳になったばかりなのに、自分の死を予感し、死後を想像し、忘れられることの寂しさを想った。そこに二〇歳で死を考えなければならなかった戦争の時代が浮かび上がってくる。

死によって忘れられてしまわないための手段はただ一つ、生きた証を「書き遺す」ことであった。書いたものは捨てるな、全部残してくれと、彼は姉や友人に頼んだ。入隊を目前にして『伊勢文学』という同人誌を発行し、詩や散文を手紙で姉に書き送った。今夏のピースあいち・竹内浩三展が終わりに近づいた頃、今はなかなか手に入らない『恋人の眼やひょんと消ゆるや』（小林察著・新評論、一九八二年）を読んだ。この本は、他のいずれの本にも増して竹内浩三への愛が満ちていて、そこで著者は、浩三は「今も死にきれずに無明の闇にただよいなが

『骨のうたう』の続編を作り続けているはずである」と書いている。

しかし、と私は思う。

竹内浩三は、戦後七十年のこの夏、ようやく「死にきれない闇の彷徨」から抜け出て、故郷の朝熊《あさま》山に安んじて眠ったのではないかと思う。理由は二つある。

一つは、今夏ＮＨＫが放送した『Ｒの法則』という番組のなかで、浩三の作品に初めて触れ、浩三の人生を知った若い女性が絶句しながら、「……中学生のときは一生懸命マンガ描いてて、そのあと詩を書いて、普通に恋をして、なんか私たちと本当に変わらないのに……、そんな人があんな紙一枚になって帰ってきちゃうなんていうことが……あっけなくって、びっくりして……悲しい」と言って泣いてくれたのである。

このように若者の魂をゆさぶる竹内浩三の作品とその生死は、もはや決して世の中から忘れ去られることはない。彼女の涙はその象徴であり証であった。竹内浩三展のためにひと夏をささげたピースあいちの仲間たち、そして遠くから彼に会いにきた多くの人たちもいた。「オレハ　愛サレテイルラシイ」と彼は安心したのではなかろうか。

そしてもう一つ。今夏、安保法案に反対して立ち上がった若者たちの姿である。浩三があれほど渇望した「自由な普通の暮らし」を壊す戦争に対してＮＯを突き付けた若者たち、かれらが戦後七十年にして育ったからである。この七〇年、戦争体験が風化していく一方で、反比例して蓄積された平和体験が社会の一つの力になり、かつて「軟弱」として受け入れられなかった自由や普通の暮らしが大切にされる社会になった。まだまだ危ういものではあるが、希望も見えた。「マズ　コレデ　ヨシ」と彼はつぶやいたにちがいない。

かくして、竹内浩三は故郷の朝熊山へ還り、戦後七十年のピースあいちの熱い夏は終わった。展示づくりの最初の不安、途中の焦り、いろいろあったけれど、二〇〇〇人をはるかに超えた来館者、そして展示を見る人たちの声やまなざしに、仲間たちの苦労や疲れは消えていき、この夏を共有した感動だけが館にあふれた。

（二〇一五・九・二五）

曲がり角に立つ　――「新年雑感」

二〇一六年が明けました。みなさま、どのような新年を迎えられたでしょうか。

昨年は、戦後七〇年という節目の年でしたが、立憲主義が踏みにじられ、日本の平和主義の土台が壊された忘れられない年になりました。将来、「あのときが、曲がり角だった」と振り返る年にならないことを願うばかりです。

今、安易に「願う」と書きましたが、もはや願ったり、祈ったりしているだけでは平和は守れないことを実感させられた昨年でもありました。谷川俊太郎の「千羽鶴」という詩がありま す。その詩は「千人針を縫った手が、性こりもなく千羽鶴を折る　ああもどかしい日本！」「千羽は無力　万羽も無力　億羽も無力　あの巨大な悪の不死鳥と戦うには」「祈るだけでは足りない　誓うだけでは足りない」とうたっています。まさに今、祈るだけでは足りず、「行動すること」が求められています。心もなく、見識もなく、恥も知らない巨大な悪の不死鳥と戦うには、国民は相当な覚悟をし、行動しなければならないのです。

ピースあいちでは、今年もまた五月から六月にかけて沖縄展を開催します。お正月の休みに、沖縄関連の本を山ほど仕入れて、その幾冊かを読みました。沖縄の人たちは、平和を守るためには「祈る」だけでは足りないことを早くから感じ取り、身を挺して戦ってきました。今も戦っています。朝日新聞社発行の『沖縄と本土』の中で、翁長沖縄県知事が述べていることの一端を紹介しましょう。

翁長知事は、二〇一五年四月、ようやく実現した菅官房長官との面談のなかで、官房長官が「普天間《ふてんま》基地（移転問題）の原点は、世界一とも言える危険性を除去することだ」と何回も言われることに対して、「普天間の原点はそうじゃございませんよ。戦争が終わって、普天間に住んでいる人たちが収容所に入れられている間に、（土地を）強制的に接収されて、銃剣とブルドーザーによって、米軍の飛行場ができたんです」「それが六〇年経って世界一危険だから、そして、老朽化しているからという理由で、それをお前たちがまた負担しろ、それが嫌なら代替案を出せというのは、いくら何でも理不尽ではありませんか」「これは日本の政治の堕落ではないでしょうか」と述べたそうです。

その約一〇日後、安倍総理との面談では、総理から「沖縄の基地負担軽減にあたっては、こんなに努力していますよ」という話があり、一つは、普天間基地が新辺野古《へのこ》基地に移ることによって、市街地や住宅街があるところから、人口の少ないところに移っていくんだという努力。それから嘉手納《かでな》飛行場以南に五つくらいある基地（那覇軍港や浦添のキャンプ・キンザーなど）の返還に向けて着々とやっているという話でした。

そこで、翁長知事は、「総理がおっしゃるように、普天間が新辺野古基地に移り、嘉手納以南の五つの基地がすべて返還されたとして、沖縄の基地がどれだけ減るかわかりますか」と尋ねたところ、総理から返事はありませんでした。答えは、現在七三・八％（日本にある米軍基地のうち沖縄県にある基地の割合）が七三・一％になるだけとのことです。

その理由は、「みんな県内移設だからなんです。那覇軍港は浦添に移ります。キャンプ・キンザーは嘉手納の周辺です」「着々と基地負担軽減をしていますよといったところで、実際は〇・七％しか少なくならないわけです」「そういう話を私がしても総理から返事はありませんでした」と書かれています。

二〇一五年五月の中谷防衛大臣との面談では、大臣は、いま中国が大変な脅威であり、スクランブル（緊急発進）の回数も増えているので、沖縄をまもるためにも米軍基地を辺野古に造らないといけない、自衛隊も置かなければならないので理解を願いたいと話された。翁長知事は「ソビエトが健在だった冷戦時代の沖縄よりも、今の状態が危険なのですか」と尋ねたが、大臣の返事はありませんでした。

この翁長知事と政府のやりとりのなかに、今の政治の根本的な体質と姿勢がはっきり見えているように思います。沖縄の戦いは、昨年、形の上で成立した安保法案を廃案にするための日本国民の戦いと構造的に同じものです。憲法を守る戦いも、原発の再稼働を阻止する戦いも同じです。改めて、沖縄の人たちの勇気や優しさ、強さ、その戦い方など、沖縄から学ぶべきことの多さに心を打たれた新年でした。

今、政治だけでなく、マスコミも、教育も、かつての戦争前夜に似た空気のなかで進んでいます。ただし、国民はかつての国民ではないはずです。七〇年間、平和と民主主義の体験を積んできた国民なのですから、かつてと同じであってはならないのです。

今年はまた多くの事態が動くでしょう。選挙もあります。国民が総力をあげて行動する戦いが始まる年になるでしょう。ピースあいちも、なお一層がんばりたいと思います。

みなさま、今年もよろしくお願いいたします。

（二〇一六・一・二五）

国家緊急権のわな　――「新年雑感」

二〇一七年が明けました。みなさま、新年をどのようにお迎えでしょうか。

昨年は、自衛隊の若者が危険な任務を背負って南スーダンへ派遣されてしまいました。南スーダンは日本から一万キロ以上も離れたところ、いまだ内戦が続いている国です。南スーダンの国連ＰＫＯに軍隊を出しているのは、主に利害関係の深い周辺の国々であり、アメリカ、ドイツ、フランスなど先進国のほとんどは軍を派遣していないようです。なぜ、こんな遠い国から、そして憲法九条をもつ日本から若者を征かせなければならないのでしょうか。とにかく無事で、一刻も早い全面撤退が望まれます。沖縄にオスプレイが墜落しました。危惧していたことが現実になりました。日本は急速に悪くなっていくようで、心の痛む年明けです。

ＴＰＰ、年金の引き下げ、カジノの解禁など、国民的な論議はもとより、国会の十分な審議さえないまま、政権が政策を強行する局面が続いています。このうえ、憲法に国家緊急権条項を入れて、政府に権力を集中させる仕組みを許したら、日本はまた独裁的な軍事国家に逆戻りしてしまいます。今、国会の憲法調査会では、憲法改正の突破口として、憲法に国家緊急権条項を創設しようとする動きがありますが、絶対にこれは阻止しなければならないと思います。

国家緊急権とは、戦争や災害などの非常事態において、憲法秩序（人権の保障や権力の分立）を一時停止して、政府に権力を集中させる制度です。この国家緊急権は、一時的にせよ、憲法の保障する人権を制約し、国会や司法の権限を停止させる制度なので、国民にとっても、民主主義にとっても、「本質的に危険なもの」であることをまず認識し、警戒する必要があります。

歴史的にみても国家緊急権は、多くの国で野心的な軍人や政治家に濫用されてきました。その代表例として挙げられるのは、ヒトラー（ナチスドイツ）がワイマール憲法の国家緊急権（大統領緊急令）を最大限に利用して、独裁権力を掌握していった過程があります。

一九三三年二月、首相の座にあったヒトラーは、国会議事堂が何者かによって放火された事件を「緊急事態」と称して、老齢で気力・体力のない大統領（ヒンデンブルグ）に大統領緊急令を出させ、言論・報道・集会・結社の自由、通信の秘密を制限し、令状によらない逮捕・拘留を可能にしました。そして対立する政党の党員や幹部を多数拘束したうえで、三月に総選挙を実施して、ナチス党がより多数を握り、すぐさま国会で「全権委任法」（民族及び帝国の困難を除去するための法律）を強行採決してしまいました。国家緊急権を発動してから一カ月足らずで、ヒトラーは、合法的に何でもできる独裁政権を樹立してしまったのです。そこに国家緊急権の本質的な恐ろしさがあります。

日本では今、なんとしても憲法を変えたい人たちが「憲法に国家緊急権がないと災害やテロが起きたら対応できない」という宣伝をしています。しかし、これは違います。憲法制定から七十年余、この間、日本には多くの災害がありましたが、その過程で、日本は、災害に備えて十分な法体系を整備してきました。災害対策基本法、災害救助法などによって、災害時の権力集中や国民の人権の制限も含めて、十分な対応がとれる仕組みを創り上げてきています。今さら憲法で国家緊急権を定める必要は全くなく、これを憲法に入れようとする真の狙いは別のところにあることを見抜かなければなりません。こんなことを書いているとどんどん長くなってしまうので、この辺で止めますが、今年、憲法改正の突破口として、この「国家緊急権」が浮上してくるのではないかと大変危惧されるので、新年にあたって、この問題を書きました。

さて、ピースあいちは、今年五月、開館から一〇周年を迎えます。十年前の五月、念願のオープンを果たした日の抜けるような空の青さと、多くの人の喜びを受けたあの日の感動は忘れられません。一九九三年に戦争資料館の建設運動を始めてから、足掛け十五年の歳月をかけての開館でしたが、戦争体験者が全くいなくなる時代の一歩手前でピースあいちを開館できたことは大変幸運なことでした。あれから十年、あの戦争を次代の平和のために伝えたいという私たちの思いはいつも館内にあふれ、さまざまな戦争体験がここで語られました。よい一〇年でした。ピースあいちに対するご支援のすべてに心からお礼を申し上げたいと思います。
一〇周年の今年は、いろいろな計画があります。二月から始まる「原爆の図と原爆の絵展」をスタートに、夏には「いわさきちひろ展」など楽しみな特別展を準備しています。詳しくは一〇周年のご案内をみてください。一〇周年にあたっては、みなさまにはさらなるご協力やご支援をお願いすることになりますが、どうか今年もよろしくお願い申し上げます。

（二〇一七・一・二五）

開館一〇周年を迎えて

ピースあいちが開館して、はや十年を迎える。十年前の五月、念願のオープンを果たした日の抜けるような空の青さと、多くの人の喜びを受けたあの日の感動は忘れがたい。一九九三年に戦争資料館の建設運動を始めてから、足掛け十五年の歳月をかけての開館であったが、戦争体験者が全く生存しなくなる時代の一歩手前でピースあいちを開館できたことは幸運で、感謝の一語に尽きる。

それから十年、あの戦争を次代の平和のために伝えたいという私たちの思いは常に館内にあふれ、さまざまな戦争体験がここで語られ、展示した資料は戦争の時代を映し出した。そして多くの激励と支援があった。館長として、そのすべてに心からお礼を申し上げる。

何もかも初めての経験で右往左往することも多かったが、「戦争から平和を学ぶ」という市民手づくりの実験的試みは、確かに多くの人の心に届いたと思う。予想を超える多くの来館者があり、十年で六万人を超えた。展示の前で、一枚の写真に涙される方、何時間もかけて熱心にメモをしながら見ていかれる方もある。子どもたちは「戦争は兵隊だけが死ぬのではなくて、子どもも死ぬということがわかりました。戦争は絶対にしてはいけないと思います」などと、日ごろの疲れが吹っ飛ぶような感想文を残してくれたりする。昨今の日本にあって、ピースあいちは確かにいま必要とされる施設なのだという手応えを感じる日々でもあった。

平和憲法を根底から変えようとする動きが強まり、戦争のできる国づくりが着々と進められている今日、あの戦争から学ぶことは実に多い。あの戦争の時代に、国家は国民をどのように扱い、どのように騙し、どのように棄てたか。国民はどのように統制され、動員され、騙され、脅され、どのような目にあったか。マスメディアはいかに戦争をあおり、いかに真実を隠し、嘘の情報をまき散らしたか。教育は子どもたちに何を教え、何を教えなかったか。文学や芸術は戦争のためにどれほど協力したか……。忘れてはならないことは、実に多くて重い。

「アクティブミュージアム」という言葉がある。言葉どおり「活発で活動的なミュージアム」という意味にとどまらず、世界の平和博物館や記念館に関わる人々の間で、もっと広い意味で語られている言葉である。ドイツには、ナチスの加害の現場約一〇〇か所につくられた記念館があり、資料によると、そこでのアクティブミュージアム運動は、「加害の中枢だった場所は単なる記念展示の場だけではなく、市民がナチズムの歴史を自ら学び、考え、行動できる市民に変っていくエンパワーメントの場であるべきだ」として展開されてきた。アクティブミュージアムは、戦後ドイツがとってきた「過去の克服」の努力のモデルの一つとなっている。私たちの戦争と平和の資料館も、来館者が「学び、考え、平和のために行動する」拠り所となり、「過去の克服」の一端を担いうるものでありたいと思う。

開館十年を超えるこれから、ピースあいちには、これまで以上にその真価が厳しく問われる歳月が来るだろう。あの戦争のことを敢えて忘れさせようする動きが強まるかもしれない。市民の支える財政の厳しさ、高齢化の進むスタッフやボランティアの世代交代という課題もある。それでも、ピースあいちの周りには、懸命に館を支えようとする多くの市民がいる。平和を願う多くの人が集い、さまざまな人の声が響きあう場所であるかぎり、そして歴史の真実を正しく伝える場所であるかぎり、きっと、これからも多くの来館者を迎えることができるだろう。ファシズムにも抗《あらが》えるように、日ごろから館の足腰を鍛え、次なる十年に臨みたいと思う。

（二〇一七・五・四）

歴史の流れを止めていいのか ―「新年雑感」

二〇一八年が明けました。みなさま、どのような新年を迎えられたでしょうか。

昨年は、ピースあいちが一〇周年を迎え、多彩な行事やイベントを行いましたが、みなさまの温かいご支援により順調に運びましたこと、心よりお礼を申し上げます。

今年は、憲法九条の改悪が政治日程に上ってきています。二〇一八年は、平和博物館にとってもこの憲法問題が大きなテーマになることは必至だと思います。

憲法が制定されて間もない時期から憲法の核心である九条を目の敵《かたき》にして、なんとかこれをなくしたいと画策してきた勢力がありましたが、平和を願う多くの市民の不断の努力によって、憲法九条は辛くも保持されてきました。それを支えてきたのは、あの戦争の体験であり、それを忘れまいとし、それを遺すために地道な活動を続けてきた多くの市民の力であったと思います。私たち権力なき市民は、今こそ一丸となってこの平和の砦を守りぬかなければなりません。

憲法九条の改変のうごき

「憲法九条第一項、第二項はそのまま残し、第三項に自衛隊を位置づける」という、奇策ともいうべき憲法改悪案（以下三項加憲といいます）が、昨年、こともあろうに憲法擁護義務を負う行政府の長たる内閣総理大臣の口から出ました。「自衛隊は今や、国民に認知されている。だから憲法にそれを書きこんでも実態は何も変わらない」という、「偽計」とも言うべき説明がなされています。

歴史の流れを止めていいのか

この改悪については、いろいろな角度から論じなければなりませんが、まず本質論から考え始めたいと思います。憲法九条は、一九四五年に終わったあの戦争の悲惨な体験から、「軍事力で平和は守れない」ことを世界中が認識し、「武力による平和」という考え方（武装平和論）から脱して、「武力によらない平和」をめざすという大きな歴史の流れを宣言したものでした。それは日本ばかりでなく、核兵器という人類全体を破滅へ導く兵器の脅威を目の当たりにして、ようやく人類が到達した歴史の方向を指し示したものでもあったのです。

今、あの戦争の敗戦国であった日本がどのような形であれ、九条に自衛隊を位置づけることは、この「武力によらない平和」という歴史的な宣言を降ろしてしまうことになります。あの戦争で命を絶たれた六〇〇〇万の人たちのこと、今生きている若者たち、これから生まれてくる新たな命を考えるとき、「武力によらない平和」をめざす歴史的な流れをここで断ち切るようなことを私たちは絶対に許すわけにはいきません。

自衛隊の実態は大きく変わる

各論として第一に明確にしなければならないことは、今回の三項加憲で憲法に位置づけられようとしている自衛隊は、長い時間の中で国民の多くが認知するに至った自衛隊とは別物であることです。長い間、政権は自衛隊を「合憲」とするために、自衛隊を肥大化させることができずに、「専守防衛」「必要最小限度」などという限定をつけてきました。そこで国民がイメージし認知してきた自衛隊は、専守防衛という枠の中で抑制されてきた軽装備の自衛隊、災害時に活躍してくれる自衛隊でした。

しかし、二〇一六年七月の閣議決定とその後に制定された安保法制によって、自衛隊は、それまで国民が認知してきた自衛隊とは本質的に別物になってしまいました。それまで国民が認知してきた自衛隊は、戦闘行為は行わない自衛隊、海外では井戸を掘ったり、難民の環境整備をしたり、国の内外で災害時に活躍してくれる自衛隊でした。しかし、二〇一六年に生まれ変わった自衛隊は集団的自衛権の行使ができる、すなわち海外へ派兵されて地球の裏側までも進駐し、戦闘にも加われる、実質的な軍隊になってしまっているのです。これを憲法上の存在にすることは、まさに日本が自衛隊という名の「軍隊」を持つことに他なりません。

集団的自衛権をもつ自衛隊が憲法上のものになるのですから、それを許せば、二〇一六年に安保法制が成立するときの反対論はもう主張することさえ困難になります。さらに、もっと明確にフルスペックの集団的自衛権行使ができるような文言を自衛隊の目的として明記する改憲案が出てくる可能性もあります。「国民に認知されている自衛隊を憲法に書き込んでも実態は何も変わりません」という説明の嘘を、国民は見抜かなければなりません。本当に何も変わらないのなら、そもそも憲法改正は不要です。

二項を空文化して矛盾を解消する

本来、前文の非武装平和主義とこれを受けた九条二項の「陸海空軍その他の戦力は、これを保持しない」「国の交戦権は、これを認めない」という条項と、実質が軍隊である自衛隊とが憲法上で併存することはあり得ないことであり、仮に併存すれば、さまざまな矛盾が生じるはずです。しかし、矛盾することを矛盾しないと強弁するのは、これまで歴代政府が常套的にやってきた手法であるうえに、この矛盾の解消には、巧妙な法理論が利用されます。

加憲方式の憲法改正手続きが取られた場合、前規定と新規定は憲法上同位の関係に立つので、相互に矛盾することが明白なときは、後から規定されたものが前に規定された部分を排斥して優先されるという法理論（後法優先の原則）が利用されるおそれがあるのです。

「何も変わらない」と説明して真っ向矛盾する条項を突っ込み、矛盾するなら後法が優勢するという法理論を持ち出すのはあまりにも乱暴過ぎるのですが、これを持ち出せば、第二項は「空文化」「死文化」させられ、やがて「誤解のもと」「論争のもと」として削除される運命になるでしょう。この「九条の二段階改正」が目論《もくろ》まれています。

基本的人権が制約され、社会が変わる

さらに思いを致さねばならないのは、自衛隊が憲法上の存在になることによる社会の変質・変容です。自衛隊を憲法上に位置づけることは、自衛隊に「憲法的な公共性」を与えることに他なりません。憲法の掲げる公共性は高度の公共性ですから、自衛隊を強く立派に保持するこ

とは、日本国の優先的な政治課題になります。

そのためには、従来の抑制的な軍備の歯止めは一切捨てられ、ＩＣＢＭ（大陸間弾道ミサイル）、長距離戦略爆撃機など際限のない戦力の強化がはかられるでしょう。ひいては核兵器さえ保有可能になっていくのではないかと危惧されます。軍事費は飛躍的に増大し、ＧＤＰの一％という政策的な大枠は外されてしまうでしょう。相対的に社会福祉は切り捨てられていきます。兵器の生産が強化され、日本でも産軍複合体や軍産学共同体の形成が本格化するでしょう。

「軍事力で戦争に備える」ことが憲法上の要請となれば、当然のことながら、国民の基本的人権と衝突し、人権が制約されていきます。軍事機密の保護が優先され、情報公開は制限され、言論活動は委縮していきます。現行の土地収用法ではできないとされてきた、自衛隊の基地建設のための強制的な土地収用も可能になるでしょう。戦争に備えるという名目で、国民の自由や財産や精神までも「動員」されていく社会の到来が危惧されます。

徴兵制は、政府の公権的な解釈でも、憲法一三条（人格権）、一八条（苦役からの自由）の趣旨から許容されないものとされてきましたが、自衛隊が憲法的な公共性を持つようになれば、それを保持することが国民的な責務となり、やがて国防義務や徴兵制へと繋がっていくことが考えられます。

そして、憲法的な公共性を付与され、強く立派になった自衛隊は、表舞台に堂々たる姿を現すでしょう。国民の前で銃をもって大演習を行って畏怖を与え、他方で、記念日には公道で見事なパレードを行い、かっこいい制服姿の隊員たちが街を闊歩して若者たちを羨望させます。自衛隊は、国民にとって畏怖と羨望の的になるでしょう。国民がすべて平等だった時代は終わり、軍人階級は特権化していくに違いありません。現在、医学部に殺到している優秀な若者たちにとって、高い地位の軍人になることが新しいエリートコースになるでしょう。そして優秀な彼らがさらに軍事優先の社会をけん引し、日本は軍事力による強い国家づくりがどんどん進んでいくでしょう。

これを書きながら、私は、これが「新年の悪い初夢」であってほしいと願っています。

私たちは、あの戦争から七十年余、軍隊のない社会で暮らしてきましたが、それがどれほどありがたいことであったかに今一度思いを致し、軍事力や軍隊が力を持つ社会の到来を何としても防ぎたいと思います。

（二〇一八・一・二五）

若者たちへのあいさつ

二〇一五年一一月に行った、世代を超えて戦争や平和を考えるイベントでのあいさつ。この時は、「SEALDs《シールズ》」（自由と民主主義のための学生緊急行動。二〇一五～一六年に活動した）のメンバーや、大学生・高校生も多く含む約一〇〇人がピースあいちに詰めかけた。明るい笑いと爽やかな言葉に満ちた交流に大喜びの様子が伝わってくる

みなさん
今日は、ピースあいちに来てくれてありがとう！

こんなに沢山の若い人たちがいろいろの場所から来てくれて、ここが若者でいっぱいになったのは初めてです。もう感動しています。

それでは、まず、ピースあいちのことを少し紹介します。

ピースあいちは、二〇〇七年五月にオープンして、今九年目に入っています。

ピースあいちが開館するまでには十五年近い運動がありました。

戦後五十年を迎える一九九二年頃、戦争体験者がどんどん高齢化していくし、戦争の資料も失われていくことを心配した私たちは、愛知県と名古屋市に戦争資料館をつくってもらう運動を始めました。しかし、ドイツとちがって、日本は、国としてあの戦争をきちんと反省したり後世に遺す努力をしてこなかった国ですから、地方自治体もやはり消極的でした。私たちは市民運動として考えられることは全部やったのですが、県や市に資料館を建設させることができませんでした。

ところが、二〇〇五年に、まるで空から星が降って来るような幸運がやってきました。当時八四歳だった加藤たづさんという方から、この土地九〇坪と建物建築費一億円のご寄附があったのです。その後、いろいろな経緯がありましたが、二〇〇七年、私たちのＮＰＯの手によって、ピースあいちが誕生したのです。今、九〇人のボランテイアが館の運営をしています。

それでは、なぜ、そんなに一生懸命、戦争のことを伝えようとするのかをちょっと聞いてください。

日本が引き起こして、七十年前に終わった戦争は、アジアで二〇〇〇万人、日本人も三一〇万人の命を犠牲にしました。多くの若者が戦場へ駆り出され、命を失くしました。あの戦争のことを、世の中がきれいさっぱり忘れることは許されません。あの戦争のことをきちんと正確に次の世代の国民に伝えなければ、日本はまた再び同じ過ちを繰り返すかもしれません。ピースあいちは、二〇世紀の日本の負の遺産でもあるあの戦争の事実を伝え、平和のことを考え、行動するきっかけとなる資料館でありたいという、その一心でやってきました。

では、その思いは次の世代に届いているかというと、そう簡単ではありませんでした。ピースあいちには、小中学校の子どもたちが、平和学習として来てくれることはかなりありますす。しかし、何といっても若い人たちの来館は多くなくて、私たちは、戦争体験を手渡すべき若い人たちはどこにいるのか、どうすれば若者たちに私たちの気持ちが届くのか、若い人たちと繋がることができるのか、そのあたりが全く見えていなくて、途方にくれた状態にありました。

ところが今年、街に新しい風が吹きました。あなたたち、多くの若者が戦争法案に反対して街頭に出てくれました。そして「戦争はだめだ」「民主主義はこれだ」と言ってカッコいいパレードをしました。それは、私たちが長い間待ち望んできたものでした。あなたたちは、確実に街の空気を変えてくれました。

私たちは涙がでるほど嬉しかったのです。

しかも、あなたたちは、最近出た本の中で寺田ともかさん（「SEALDs」のメンバー）が書いているように、「この七十年間、日本が戦争せずに済んだのは、ずっとこうやって闘ってきた大人たちがいたからです。そして、戦争の悲惨さを知っているあの人たちが、ずっと声をあげ続けてきたのは、まぎれもなく私たちのためでした」と言ってくれたのです。私たちは、どれほど感動したか、どれほど励まされたかしれません。

「わかってくれたのね。ありがとう！」と、心の中で言いました。

そこで、私たちは、あの若者たちと出会いたいと思い、今日のフォーラムを開くことにしたのです。皆さんをお招きして本音で語り合いたい、皆さんのやってきたことや思っていることなどをもっと知りたい、そして私たちのやっていることも知ってもらって、私たちの側がこれからできることは何か、ヒントを与えてほしいと思ったのです。

今回、街頭に出て声を上げたみなさんは、沢山の称賛や応援を受けたでしょうが、それ以上にバッシングや嫌がらせを受けたことと思います。私たちは、それらの心ない声や仕打ちからあなたたちを少しでも守りたい、そのために役に立てることがあるか、それも聞かせてほしいと思います。

そして、このフォーラムをきっかけに、できれば世代をこえて一緒になって、戦争に向かおうとしている今の政治の流れに抵抗していきたいと思っています。

戦争法案は成立したかのような形になりましたが、あれは可決成立したとは言えませんし、憲法違反の法律ができたとしても、それで憲法が変わってしまうわけではありません。法律によって憲法を変えることはできないことです。

国民にとって、正念場はこれからだと思っています。

ピースあいちには、戦争を伝えることに人生のおおかたの時間をささげている仲間が沢山います。過去の戦争を伝えることは大切な事です。なぜならば、戦争を知ることは平和を知ることであり、過去は未来のためにあるからです。今日は、きてくれて本当にありがとう！


（二〇一五・一一）

■略年表

（西暦）	（和暦）	（年齢）	（出来事）
1939	昭和14	0歳	東京四谷で、父慎一、母あいの次女として誕生。第二次世界大戦始まる
1944	昭和19	5歳	三重県津市へ疎開。貿易商だった父は東京に残り、母、2歳上の姉と三人で暮らす。12月の東南海地震では倒れてきた石燈籠の直撃を間一髪免れ、生き延びる。
1945	昭和20	6歳	幼稚園に入園。パラシュートで不時着した米兵をリンチする近所の大人たちの姿に衝撃を受ける。7月の津大空襲の直前に亀山市へ再疎開。津では通っていた幼稚園の園長や幼なじみが犠牲に。3月東京大空襲、名古屋大空襲。4月米軍沖縄上陸。8月広島・長崎に原爆投下。ポツダム宣言受諾　終戦
1946	昭和21	7歳	三重県師範学校付属小学校に入学。東京の焼け跡に家を再建し夏休みに転居の予定であったが、5月に父が肺炎で急死したため、帰京をあきらめ母子三人で亀山に定住。日本国憲法公布（1946）朝鮮戦争勃発（1950）サンフランシスコ平和条約発効（1951）
1952	昭和27	13歳	三重大学学芸学部附属亀山中学校に入学。
1955	昭和30	16歳	名古屋大学附属高等学校に入学。イタイイタイ病発見（1955）水俣病公式発見（1956）
1958	昭和33	19歳	名古屋大学法学部に入学。
1959	昭和34	20歳	演劇サークルで『アンネの日記』のアンネ・フランク役を演じる。伊勢湾台風で下宿

が被災。

1960　昭和35　21歳　60年安保のデモに参加。日米安全保障条約反対闘争。四日市ぜんそく多発。ベトナム戦争勃発

1961　昭和36　22歳　司法試験に合格。

1962　昭和37　23歳　名大法学部卒業。司法修習所へ。

1963　昭和38　24歳　水谷宏（のち野間宏）と結婚。

1964　昭和39　25歳　長女・映子が誕生。弁護士登録。

1967　昭和42　28歳　四日市公害弁護団に参加。

1968　昭和43　29歳　長男・啓が誕生。

1973　昭和48　34歳　新幹線騒音公害訴訟弁護団に参加。

1975　昭和50　36歳　四日市青果商殺人事件裁判に弁護人として参加。

1976　昭和51　37歳　予防接種禍訴訟弁護団に参加。ロッキード事件。スリーマイル島原発事故（1979）

1980　昭和55　41歳　金大中裁判を裁く名古屋市民法廷。光州事件（韓国）

1981　昭和56　42歳　名古屋憲法問題研究会設立。事務局長に就任。

1982　昭和57　43歳　「核兵器禁止・軍縮と平和をめざす愛知県センター」発足。『平和と憲法を考える』発刊。

1983　昭和58　44歳　劇版・日本国憲法『今日、私はリンゴの木を植える』上演。

1984　昭和59　45歳　『負けるな日本国憲法』発刊。

1986　昭和61　47歳　丸木位里・丸木俊「原爆の図展」。チェルノブイリ原発事故（旧ソ連＝ウクライナ）

1987　昭和62　48歳　憲法施行40周年記念行事「ひびけ！憲法のこころ」にて『交響曲〈五月の歌〉』の市民四〇〇人による大合唱を披露。

1989　平成1　50歳　名古屋弁護士会副会長。昭和天皇死去。平成に改元。ベルリンの壁崩壊

1993　平成5　54歳　「戦争メモリアルセンターの建設を呼びかける会」設立。

1994　平成6　55歳　中日新聞に『哀愛』を連載。日本弁護士連合会の臨時総会において、弁護士人口増員に反対する有志議案の提案代表者となる。阪神淡路大震災・地下鉄サリン事件（1995）

2005　平成17　66歳　「平和のための戦争資料館展」（モデル展）開催。その新聞報道を見た故加藤たづさんから、土地と建設資金寄付の申し出を受ける。「愛知女性九条の会」発足、代表者の一人となる。

2007　平成19　68歳　戦争と平和の資料館「ピースあいち」開館。初代館長に就任。東日本大震災・福島原発事故（2011）

2018　平成30　79歳　ピースあいち館長退任。

2019　令和1　80歳　NPO法人平和のための戦争メモリアルセンター理事長就任。

2020　令和2　死去（満80歳9カ月）。

あとがき

山下智恵子（作家）

敬愛する人を喪くした者の哀切な言葉で始まる本書の文章。それでいて、母の志を守ってゆこうとする抑制のきいた決意と明るさが底流にしっかり存在する。さすがは野間美喜子さんの育てた女性の「はじめ」の言葉だ。

二人の子の母であり弁護士である立ち位置を崩さず、常に弱い人たちの側にあり、ひるまず困難な仕事をやり遂げる人。幼い頃からの信念であった平和憲法を守り、人権活動家としての道を八十年と九カ月、歩み抜いた野間美喜子さんの記録が、本書として結実した。

彼女にとって、一生のテーマになった平和憲法との出会いは、あまたの犠牲者を出した酷《むご》たらしい戦禍がやんだ後の、小学校一年生の時である。

一九三九（昭和一四）年五月生まれの彼女と私は、名古屋大学の演劇サークルのオンボロの部室で出会った。私は二年生、彼女は新一年生ではあったが、私も同じ年の生まれ。数カ月の違いで、学年が違うというだけだった。

私は国民学校一年生で敗戦を迎え、教科書に墨を塗った経験がある。やがて、新憲法の前文に安心し、主権在民、男女同権という言葉をシャワーのように浴びて育った点は、野間さんと全く同じだ。

本書の第一部は、法律家としての在り方、人権を守り、法の下での平等を実現させようという目標をかかげ、若々しく弁護士会の有り方にも、正面から提言する姿や、ジャーナリズムの本道、国民の知る権利や政権の横暴を抑止するために闘ってほしいという意見を綴った『朝日新聞』に載った「紙面批評」などから成る。いささか専門的な堅い印象を、読者は受けるかもしれない。

しかし、読み続けていただけば、やがて彼女の明るく真っすぐな性格からの発言に、共感を覚え、応援したくなると信じている。たとえば、名古屋弁護士会の副会長に立候補した時の文章には、彼女の人間らしさが、にじみ出ている。何ものにも従属せず、人権擁護と社会正義をめざしたはずの弁護士が、経済優先の時代の波に押され、企業の都合の良い企業法務部のような、利益に従属した立場に堕する危険性を、鋭く警告している。その根拠となったのが、四日市公害訴訟などである。

弱者に優しい社会であるように、弁護士は奮闘せねばならぬという呼びかけ。まさに彼女らしさが輝いている。

母として妻として働き、弁護士としての良心と理想を追い求めてやまぬ彼女の姿に心打たれる。同じ悩みに負け、教師として挫折を味わった私には、深く刺さる言葉たちだ。「保育所のある弁護士会」という夢——という部分がそれである。一九八九年一月の時点では、まだこれは遠い夢であった。

彼女の特質、勁《つよ》くて優しさにあふれた読み物もある。「まだまだ男社会の中で、女性は哀しくも愛しい」との思いを「哀愛」と題して、中日新聞に週一度、一年間にわたり描いた一〇〇〇字ドラマがそれである。

また隣国の金大中氏を救えという緊急の熱い思いに、体当たりで呼びかけ人を集め、名古屋弁護士会内で手づくりの署名運動をはじめる。その顛末は、彼女の国境を越えた人権意識の高さと、有言実行の生き方を活写していて魅力的だ。

さまざまな伝手をたより、友人たちの支えを得て市川房枝さんに電話をし、当時の宮澤官房長官への面会にまでこぎつける。猪突猛進のように見える行動の合間に、署名簿を提出に行く同志たちに、まず「クリームみつ豆」を食べようと提案する彼女に、ほっとする。厳しい情況にあればこそ、肩の力を抜いて「みつ豆」が良い、という彼女に心から拍手を送りたい。

幼心に焼きついた反戦の思いを、彼女は今こそ形にしなければ、と戦争資料館の建設を県・市に訴える。行政の賛同を得、予算も取り付けたのに、運動は何故か凍結し進まない。

失望をのりこえ、彼女とその支援者と共に作ったのが、「愛知に戦争資料館の建設を」と呼びかける小冊子『承継』である。彼女の諦めない心、考えて行動する力は、思いがけぬ幸運を引き寄せる。ある高齢篤志家の、土地と建設費の寄付の申し出だ。

くじけない信念の人は、ついに民設民営の戦争と平和の資料館「ピースあいち」の完成にこぎつける。五月のさわやかな風と青空の下で、初代館長に就任した彼女の笑顔が、文章の中に刻まれている。就任後の彼女を支えた事務局やボランティアの人たちの尊い姿も。

丸木位里・俊夫妻の原爆図の展示、沖縄展、夭折の詩人竹内浩三を紹介する催し。合唱や朗読会。さまざまな人たちと共に工夫をこらし来館者を増やそうと尽力した彼女。法律家、平和運動家として活躍した彼女の、内側にある芸術への深い造詣に思いあたる時、文学の道を選んだ私が、ゆっくりと彼女とヘッセ等について語り合う時間を失してしまったことが悔やまれてならない。

たえず問題を抱えながらも、反戦平和、護憲を望む人々の砦として、ピースあいちが今日も存在し続けるのは、野間美喜子ありてこそ、の思いに改めて打たれる本書である。

自由を願い青空に浮かぶ雲を愛した稀有の人を偲びつつ、本書が多くの平和を愛する人々へと広がってゆくことを、心から祈らずにはおられない。

装幀◎澤口　環

向日葵《ひまわり》は永遠《とわ》に　平和憲法一期生の八十年

2021年5月9日　第1刷発行　（定価はカバーに表示してあります）

著　者　　野間美喜子

発行者　　山口　章

発行所　名古屋市中区大須1-16-29　振替 00880-5-5616 電話 052-218-7808　http://www.fubaisha.com/　風媒社

＊印刷・製本／モリモトト印刷　乱丁本・落丁本はお取り替えいたします。

ISBN978-4-8331-1139-3